내 삶을 살자,
지금을 살자

내 삶을 살자, 지금을 살자

지은이 쇼지 히데히코
옮긴이 조미량
펴낸이 이규호
펴낸곳 북스토리지

초판 1쇄 인쇄 2022년 3월 20일
초판 1쇄 발행 2022년 4월 1일

출판신고 제2021-000024호
10874 경기도 파주시 청석로 256 교하일번가빌딩 605호
E-mail b-storage@naver.com
Blog blog.naver.com/b-storage

ISBN 979-11-975178-2-2 03180

내 삶을 살자,
지금을 살자

쇼지 히데히코 지음 | 조미량 옮김

머리말

분명 여러분은 자신이 느끼고 있는 '불안'을 어떻게든 해결하고 싶어 이 책을 구매했을 것이다. 먼저 감사의 말씀을 드린다.

일은 물론 인간관계, 연애, 가족의 미래나 육아에 대한 불안, 돈이나 건강에 대한 불안 등, 각자가 느끼는 '불안'의 종류는 다르다.

어쩌면 일상생활 중에 사소한 일로도 불안해지는 자신을 바꾸고 싶다고 생각하고 있는지도 모르겠다.

- 상대가 메시지를 읽고도 답장을 안 한다. 나를 싫어할까 걱정이다.
- 내일 회의가 걱정이 되어 가슴이 두근거린다.
- 직장에 기분이 나빠 보이는 사람이 있으면 내가 안절부절못한다.
- 행복한 친구의 모습을 보면 나만 남겨진 것 같아 불안하다.
- 사소한 일에 신경이 예민해져 일이 잘 진행되지 않는다.
- 막연하게 미래가 불안하다.

특히 지금은 신종 코로나 바이러스의 영향으로 라이프 스타일이 크게 변했다. 익숙하지 않은 생활이나 환경의 변화, 진위가 불분명한 다양한 정보에 노출되어 말로 표현할 수 없는 불안감을 느끼는 사람도 많을 것이다.

이 책에서는 이러한 불안 전체를 해소할 수 있는 의학적으로 올바르며 구체적인 해결책을 알려주려 한다.

지금까지도 '불안을 없애는 책'이 많이 출판되었다. '생각을 바꾸자' '남에게 휘둘리지 말자' '너무 반응하지 말자' 등 심리 상담사부터 스님까지 다양한 전문가가 불안을 없애기 위한 방법을 제시하고 있다.

그러한 충고들은 옳다. 불안해지는 것은 그 이유가 무엇이든 자기 자신의 생각이나 마음이 자신을 그렇게 만들기 때문이다.

하지만 의사인 내 관점에서 보면 '좀 다르다'는 것이 솔직한 견해다.

그런 책을 읽고 그 순간 마음이 편해졌다 해도 일상생활로 돌아오면 아무것도 달라지지 않은 자신을 만나게 되고 그 사실 때문에 또 낙담하는 사람도 있을 것이다.

마음은 '생각을 바꾸자'라는 말로 바뀔 만큼 단순하지가 않다. 불안해지기 쉬운 사람은 누구보다도 그 사실을 잘 알고 있을 것이다.

하지만 이제 안심해도 좋다. 이 책이 불안을 해소하는 비장의 카드가 될 것이기 때문이다.

왜냐하면, 이 책에서 소개하는 방법은 뇌과학적 그리고 의학적인 사실에 근거한 것이기 때문이다.

의학적으로 밝혀지고 있는 불안의 원인은 '뇌' 또는 '장' 중 어느 한쪽에(혹은 양쪽 모두에) 있다.

지금까지 무수히 노력해도 불안을 없앨 수 없었던 이유는 '마음'이라는 어디에 있는지도 모르는 애매한 것을 바꾸려 했기 때문이다.

불안해지기 쉬운 사람은 다음과 같은 경향이 있다.

- 뇌의 신경망이 '부정적인 회로'로 고정되어 있다.
- 장내 환경의 균형이 깨졌다(장내 세균의 균형이 나쁘다).

즉, 뇌의 신경망을 '긍정적인 회로'로 바꾸고 장내 환경을 좋게 만들면 거짓말처럼 불안을 해소할 수 있다.

자세한 내용은 본문에서 설명하겠지만, 뇌는 몰라도 장이 왜 불안과 관계가 있는지 의문을 가지는 사람도 있을 것이다.

사실, 우울증 환자 중에는 장내 환경의 균형이 깨져 있는 사람이 매우 많다는 것이 최신 의학 연구로 밝혀지고 있다.

뇌장 간 상호작용Brain-Gut Interaction이라는 말을 들어본 적이 있는가? 뇌가 불안이나 스트레스를 느끼면 장내 환경의 균형이 깨지고 반대로 장내 환경의 균형이 깨지면 뇌가 불안이나 스트레스를 느낀다는 뜻으로, 서로 영향을 미치는 뇌와 장의 관계성을 말한다.

즉, 마음의 불안을 해소하려면 '뇌'와 '장' 양쪽으로 접근하는 것이 가장 좋다.

이 책에서는 '뇌'와 '장'에서 불안을 없애기 위한 방법 36가지를 준비했다. 모두 과학적으로 효과가 입증된 것이니 안심하고 따라만 해도 좋다.

이 방법 모두를 다 따라할 필요는 없다. 사람마다 효과를 볼 수 있는 방법이 각기 다르다. '오늘은 뇌에서 불안을 해소해 보자' '불안의 원인은 아무래도 장에 있었던 것 같다' 등 상황에 따라 즐기면서 해보자. 분명 불안으로부터 멀어지게 하는 '마음의 부적'이 되어 줄 것이다.

나는 뇌신경외과 의사로서 16년간 엄청나게 많은 수술을 진행했다. 뇌외과 질환은 수술에 성공해서 살아나는 환자도 있지만 후유증이 남은 환자, 사망하는 환자도 있다. 의사로서 이러한 상황에 무력감을 느끼던 중에 병에 걸린 후에 치료하는 의료보다 병에 걸리지 않게 하는 의료의 필요성을 느껴 현재는 예방의료 의사로서 일하고 있다.

현재의 일을 하면서 느낀 것은 불안이나 스트레스를 느끼는 사람일수록 신체적으로 허약하거나 질병이 발병하기 쉽다는 것이다. '병은 마음으로부터 온다'는 옛말을 뼈저리게 느끼고 있다. 그러므로 불안을 해소하는 것은 신체적 건강을 지키는 것과도 이어진다.

이 책을 계기로 여러분이 느끼는 불안이 해소되어 매일매일 심신이 모두 건강한 삶을 살아가길 바란다.

쇼지 히데히코(莊司 英彦)

목차

머리말 004

프롤로그 **과학적으로 밝혀진 불안의 정체** 014

불안해지기 쉬운 사람은 마음이 예민하다 014
뇌의 신경회로야말로 마음의 소리이다 016
뇌의 신경회로는 재프로그래밍할 수 있다 018
불안을 느끼는 사람은 장내 환경의 균형이 깨져 있다 020
행복 호르몬은 '장'에서 만들어져 '뇌'로 운반된다 022
장에서 뇌의 시냅스 기능을 개선할 수도 있다 023
불안의 큰 적, 비타민 B와 C의 부족도 장에서 해결한다 025
불안감을 없앤다=뇌의 시냅스를 바꿔 장내 균형을 되찾는다 027

제1장 **'뇌'에서 불안을 없애다** 029

1. 자기 전에 긍정적인 상상을 한다 030
2. 즐겁지 않아도 '가짜로 웃는 얼굴'을 만든다 035

3 자존감을 높인다 040
4 불안하게 느낀 것을 종이에 쓴다 045
5 '죽음'에 대해 글을 쓴다 051
6 자기 전에 '긍정 일기'를 쓴다 056
7 불안한 것을 생각하는 시간을 계획한다 061
8 표현하여 불안을 없앤다 066

제2장 '장'에서 불안을 없애다 073

9 프로바이오틱스(발효 식품)를 먹는다 074
10 프리바이오틱스(식이섬유)를 먹는다 079
11 저항성 전분을 먹는다 085
12 발아 현미를 먹는다 091
13 오메가3 지방산을 섭취한다 094
14 간식은 견과류를 먹는다 102
15 비타민 B, C를 함유한 식품을 먹는다 107
16 뼈 국물(Bone Broth)로 장내 환경을 극적 개선한다 113
17 심부 체온을 올리는 목욕을 한다 119
18 아침 산책을 습관화한다 125

제3장 불안을 순식간에 잠재우는 마술 같은 방법 131

19 마음을 지켜주는 나비 포옹 132

20 점점 더 자신감이 차오르는 '자기 확대법' 137

21 불안을 떨쳐버릴 '마법의 단어, 어차피' 141

22 인지적 탈융합 145

23 짜증을 가라앉히는 소수 세기 150

24 다섯 손가락으로 뇌 속 스트레스 재설정 155

25 스탠퍼드식 멘탈 클리어 버튼 159

제4장 **불안을 잠재우는 생활습관** 165

26 간단히 습관화! 틈틈이 운동한다 166
27 근력 운동을 한다 173
28 풍선 호흡을 한다 178
29 자연과 만난다 184
30 커피 향을 맡는다 190
31 등을 쭉 편다 195
32 손가락 한 개를 바라보며 뇌를 회복시킨다 199
33 양초의 불꽃을 바라본다 204
34 파란 하늘을 올려다본다 208
35 SNS를 끊는다 212
36 소중한 인간관계만 남긴다 216

마치며 222

프롤로그

과학적으로 밝혀진 불안의 정체

불안해지기 쉬운 사람은 마음이 예민하다

불안을 없애기 위한 방법을 소개해 가기 전에 먼저 '불안이란 무엇인가?'를 알아보자.

예를 들어, 여러 번 똑같은 귀신의 집을 가면 점점 공포심이 줄어드는데, 이는 언제 어디서 귀신이 나올지를 알고 있기 때문이다. 그와 마찬가지로 '불안의 정체'를 파악하면 그것만으로도 불안을 떨칠 수 있다.

원래 불안이란 인간이 외부의 적으로부터 자신을 보호하기 위한 정상적인 반응이다.

예를 들어, 지금 눈앞에 배고픈 사자가 나타나면 누구나 엄청난 불안감에 휩싸일 것이다. 도파민이나 노르아드레날린 noradrenaline 등의 신경전달물질이 순식간에 분비되어 그 자리에서 빨리 도망치도록 판단할 것이다. 이렇게 우리 인간은 불안감을 느껴 위험을 예측하여 긴 역사 속에서 살아남을 수 있었던 것이다.

즉, 불안해지기 쉬운 사람은 사소한 문제를 '사자와 만났을 때'로 뇌가 해석해버리는 것이다. '기분이 나빠 보이는 사람' '화난 사람' '내일 있을 회의'로부터 자신의 몸을 지키기 위해 '불안'이 얼굴을 내미는 것이다. 불안해지기 쉬운 사람은 마음이 예민하고 과하게 위험을 예측하여 사소한 일에도 불안해지기 때문에 사는 것이 힘들어지곤 한다. 매일 사자를 만나 도망가야 하기 때문에 마음이 견딜 수 없다.

그럼 어떻게 하면 일상생활에서 쉽게 불안을 잠재울 수 있는 체질로 만들 수 있을까? 그러기 위해서는 '뇌'와 '장' 모두에서 접근해 나갈 필요가 있다.

뇌의 신경회로야말로 마음의 소리이다

먼저 뇌의 시점에서 '불안의 정체'를 따라가 보자.

성인의 뇌에는 뉴런neuron이라고 불리는 신경 세포가 약 860억 개 존재한다. 생각하거나 느낄 때 뇌에서는 뉴런과 뉴런이 서로 결합하여 신경전달물질을 보내 정보를 주고받는다.

이 뉴런과 뉴런을 잇는 것을 시냅스synapse라고 부른다. 860억 개의 뉴런은 시냅스로 연결되어 있어 뇌 전체에 거대한 정보 네트워크를 형성하고 있다.

뉴욕대학교 신경과학센터의 조셉 르두Joseph LeDoux 교수는 "시냅스가 인간의 모든 행위나 사고, 표현하고 경험하는 모든 감정에 결정적인 역할을 하고 있다."고 단언한다. "여러분을 여러분처럼 만드는 것은 뇌에서 이루어지는 뉴런의 상호 접속 패턴을 반영한다."고도 했다.

즉, '마음의 소리'는 시냅스(뉴런과 뉴런을 잇는 회로) 상태에 좌우된다는 것이다.

그리고 놀랍게도 시냅스는 자신의 의지로 늘리거나 없앨 수 있다는 사실이 21세기가 되어 밝혀졌다.

뇌신경과학자 에릭 캔들Eric Richard Kandel 교수는 뇌에는 긍정적인 신경회로와 부정적인 신경회로가 있으며 이들 회로를 스스로 늘리거나 줄일 수 있다는 사실을 과학적으로 증명했다. 그는 이 연구를 통해 2000년에 노벨 생리의학상을 수상했다.

뇌의 신경회로를 늘리거나 줄일 수 있다는 뜻은 자신의 '마음의 소리'를 자신의 의지로 바꿀 수 있다는 것을 의미한다.

사소한 것에 불안해지는 사람은 뇌의 신경회로가 부정적이기 때문에 열심히 불안을 없애려고 해도 잘 되지 않는다. 반대로 뇌의 신경회로를 긍정적으로 바꾸면 자동으로 불안감은 줄어든다.

뇌의 신경회로는 재프로그래밍할 수 있다

그러나 '뇌의 신경회로를 바꾼다고?'라며 의문을 갖는 사람도 있을 것이다. 이에 대한 내 답은 'YES'이다.

불안해지기 쉬운 사람의 신경회로가 왜 부정적이 되었는지를 살펴보면 일상적으로 불안한 일이나 부정적인 일만 생각하기 때문이다.

무언가를 생각하거나 느낀 그 순간 뉴런과 뉴런이 새롭게 결합되고(시냅스가 생기고) 기억이 저장된다. 그 감정이 강할수록 뉴런 간의 결합이 더 활발해진다.

그 결과, 항상 부정적인 것만 생각하는 사람은 불안으로 이어지는 회로가 점점 더 크게 펴져버리고 이로 인해 기쁨이나 행복을 느끼는 회로는 점점 더 좁아지게 되는 것이다.

뇌의 신경회로가 부정적인 회로에 지배되면 아무리 불안해하지 않으려고 노력해도 자동으로 부정적인 회로가 사용되어 뇌가 불안을 느끼도록 판단한다.

즉, 불안의 정체는 시냅스 때문이었던 것이다.

하지만 안심하자. 시냅스는 언제든지 재프로그래밍을 할 수 있다. 시냅스는 뇌를 어떻게 사용하느냐에 따라 몇 번이고 고쳐 쓸 수 있다. 이러한 능력을 '뇌의 신경가소성'이라고 부른다.

그렇다면 어떻게 부정적인 신경회로를 줄이고 긍정적인 신경회로를 늘릴 수 있을까?

핵심은 '긍정적 사고'다. 진심으로 긍정적으로 느껴지지 않았다고 해도 반복적으로 긍정적으로 생각하면 '뇌의 신경가소성'을 통해 신경회로가 점점 긍정적으로 변화해간다.

뇌는 여러 번 결합되고 반복되는 생각에 자동적으로 반응하기 때문에 자신도 모르는 사이에 긍정적인 사고가 자리 잡아 불안을 느끼기 어려운 체질로 변화시킬 수 있다.

구체적인 방법은 1장에 소개하니 참고하기 바란다.

불안을 느끼는 사람은 장내 환경의 균형이 깨져 있다

다음으로 '장'의 시점에서 '불안의 정체'를 살펴보겠다.

'머리말'에서 살펴본 '뇌장 간 상호작용'에 대해 구체적으로 알아보자.

예전까지 장은 단지 음식을 소화하고 흡수하기 위한 긴 관으로 단순하게 내장의 하나로 여겨졌다. 그러나 요즘 연구에서는 '제2의 뇌'라고 불릴 만큼 인체에서 중요한 역할을 담당하고 있다는 사실이 밝혀졌다. 연구자 중에는 마음의 건강은 '뇌'보다 '장'에 달려 있다는 사람이 적지 않다.

전신의 면역 세포 중 약 70%는 장에 있다. 신체에 침입한 바이러스나 병원체를 차단하기 위해 장에는 면역세포의 장벽이 둘러쳐져 있는 것이다. 이 장벽은 장 안에 사는 1000종 이상의 100조 개에 이르는 '장내 세균'이 균형을 이루면 정상적으로 유지된다.

이 '장내 세균'이 핵심이다. 장내 세균은 크게 유익균(비피더

스균이나 유산균 등), 유해균, 기회감염균의 3종류로 나뉜다. '장내 환경의 균형이 깨져 있다'는 말은 유익균의 수가 줄어 들고 유해균이 장내를 지배하는 환경이 되었다는 것을 의미한다.

국립정신신경의료연구센터의 구누기 히로시功刀浩의 연구팀은 우울증 환자 43명과 우울증이 아닌 57명의 장내 세균을 비교했다. 그러자 우울증 환자 그룹의 비피더스균과 유산균의 수가 현저히 적었다.

유익균이 적기 때문에 우울증이 발병한 것인지, 우울증에 걸렸기 때문에 유익균이 적어진 것인지는 연구 중이다. 그러나 세계 각국의 연구에서 뇌와 장의 상태에는 인과관계가 있다는 것, 즉 '뇌장 간 상호작용'을 밝혀냈다. 불안해지기 쉬운 사람에게 변비나 설사 등 장 문제가 많다는 사실도 이를 뒷받침해준다.

따라서 장내 환경을 좋게 만들면 뇌에도 영향을 미쳐 불안을 해소할 수 있는 가능성이 생긴다.

행복 호르몬은 '장'에서 만들어져 '뇌'로 운반된다

왜 장내 환경이 좋아지면 뇌까지 건강해질까?

도쿄 의과 치과대학의 명예 교수인 후지타 고이치로藤田紘一郎의 보고에 의하면 뇌 내의 신경 전달 물질인 세로토닌이나 도파민은 장에서 합성되어 그 전구체(물질이 생성되기 전 단계의 물질)가 장내 세균을 통해 뇌 내로 옮겨진다고 한다. 세로토닌이나 도파민은 통칭 '행복 호르몬'으로 불리며 세로토닌이 부족하면 우울증이 발병한다고 알려져 있다.

즉, 장내 세균이 균형 있게 존재하지 않으면 세로토닌의 양이 줄어들어 인간은 불안해지기 쉽고 행복을 느낄 수 없게 되는 것이다.

'말도 안 돼!'라고 생각하는 사람은 장을 너무 모르는 것이다.

장과 뇌가 이렇게 밀접한 관계를 이루고 있는 데에는 생물학적인 이유가 있다.

생물에게 가장 먼저 생긴 장기는 뇌도 심장도 아닌 장이었다. 해파리나 말미잘 같은 강장동물에게는 뇌가 없다. 장이 뇌의 역할을 한다. 그리고 뉴런이라고 불리는 신경세포가 처음으로 나타난 것이 강장동물의 장이다.

그렇다! 앞서 말한 뉴런말이다. 뇌에서 정보를 주고받는 뉴런의 조상은 실은 장에서 태어났다. 이후 생물은 다양한 크기의 뇌를 갖고 진화했다. 따라서 뇌는 장에서 진화한 장기라고 할 수 있다.

이런 점을 보더라도 인간의 뇌가 장과 밀접한 관계가 있다는 것을 이해할 수 있다.

장에서 뇌의 시냅스 기능을 개선할 수도 있다

또한 장내 세균은 뇌의 시냅스 기능에도 영향을 미칠 수 있다는 가능성이 제기되고 있다.

스웨덴 카롤린스카 연구소Karolinska Institutet와 싱가포르 게

놈 연구소Genome Institute of Singapore의 연구팀은 일반적인 장내 세균을 가진 쥐와 장내 세균이 없는 쥐를 가지고 각각의 성장을 관찰했다. 그러자 장내 세균이 없는 쥐는 공격적이 되었고 이에 뇌의 변화를 조사한 결과 세로토닌이나 도파민과 같은 신경전달물질神經傳達物質, neurotransmitter의 양이 적었다고 한다.

동시에 성장 초기의 무균 쥐에 장내 세균을 주입한 실험에서는 처음부터 장내 세균이 있었던 쥐와 마찬가지로 정상적인 행동을 보였다고 한다.

이 결과에 따라 연구팀은 장내 세균은 뇌의 신경세포인 시냅스의 기능에도 영향을 주고 있을 가능성이 있다고 밝혔다.

그렇다! 앞서 말했던 시냅스다. 즉, 장내 환경의 균형을 맞추면 뇌의 시냅스 상태를 '부정적인 회로'에서 '긍정적인 회로'로 바꿀 수 있다는 것이다.

불안의 큰 적, 비타민 B와 C의 부족도 장에서 해결한다

내가 근무하는 병원에서는 심각한 심신의 피로로 힘들어하는 환자에게 비타민 B군과 비타민 C 등이 풍부하게 포함된 링거 치료를 실시하고 있다. 이는 만성적인 피로나 통증, 두통이나 어깨 결림, 생리 불순을 개선할 수 있을 뿐만 아니라 우울증 개선에도 도움이 된다.

뜬금없다 생각할지 모르지만 1497년 포르투갈의 바스코 다가마Vasco da Gama가 희망봉을 돌아 인도양으로 가는 항해로를 발견했다는 사실은 역사 수업에서 배워 기억하는 사람이 많을 것이다.

실은 이때 선원 160명 중 100명이 죽었는데 나중에 그 이유를 조사한 결과 비타민 결핍으로 괴혈병이 발병했기 때문이라는 것이 밝혀졌다. 선원들에게 비타민 부족이 일어난 이유는 배에서 채소나 과일 등을 먹지 못해 비타민을 섭취하지 못한 것과 더불어 장내 세균의 균형이 깨졌기 때문이라고 생각된다. 보존식이나 통조림 등만 먹으면 장에서 장내 세균이 충분히 자라지 못한다.

장내 세균은 비타민 B군을 합성하는 능력을 지녔다. 장내 세균은 식이섬유를 먹이로 늘어나는데, 선원들은 비타민 자체의 섭취량이 줄었고 여기에 장내 세균이 비타민 B군을 합성할 수 없게 되어 심각한 비타민 부족이 일어났다고 생각된다.

다시 본론으로 돌아가 '불안'을 살펴보자.

왜 비타민을 이야기했는가 하면 비타민 B군과 비타민 C는 뇌 속 신경전달물질의 합성에도 관여하고 있기 때문이다. 즉, 장내 세균의 균형이 깨지면 비타민의 합성량이 줄어들고 그 결과 세로토닌과 같은 뇌의 신경전달물질까지 부족해진다. 그렇게 되면 불안감이나 초조함 등 마음의 상태가 나빠진다.

비타민 주사로 우울증을 개선한 환자는 비타민 부족이 해소되어 뇌의 신경전달물질이 충분히 분비되었다고 볼 수 있다.

불안감을 없앤다 = 뇌의 시냅스를 바꿔 장내 균형을 되찾는다

지금까지 과학적으로 해명된 '불안의 정체'를 설명했다.

'마음'이라는 애매한 것을 상대하기보다 훨씬 간단하게 대응할 수 있지 않을까?

물론 이 책에서 소개하는 방법으로 불안이 '완벽히' 해소된다고는 할 수 없다. 한 사람 한 사람의 얼굴이 다르고 한 사람 한 사람의 유전자가 다르듯 모두에게 효과적인 '완벽한 방법'이란 이 세상에 없다. 그 점은 솔직히 말하고 싶다.

하지만 그렇다고 해서 불안에 짓눌린 사람을 '방치'할 수는 없다. 이는 의사의 사명이라기보다 독자로 만난 여러분이 불안에 떨기보다는 웃는 얼굴로 하루하루를 보내길 바라기 때문이다.

그러므로 지금까지의 치료 경험과 연구 성과를 총동원하여 '과학적으로 증명된 불안을 없애는 방법'을 알리고자 한다.

먼저 실천해보자. 그 후에도 차도가 없다면 다른 방법을 시도하면 된다.

얼마 전 지인인 서예가 후지타 유다이藤田雄大 선생님에게서 '空하늘'이라고 쓰여진 작품을 선물받았다. 그것을 침실에 붙여 놓고 매일 보는데, 그것을 볼 때마다 '원래 나라는 것은 아무것도 아니다' '타버리면 65와트 3시간의 가치밖에 없다'라고 생각한다.

그렇게 생각을 하면 오히려 힘이 생기니 참 이상하다. '어떻게든 되겠지!' 하는 초긍정의 마음이 생겨 도리어 힘이 생기는 것이다.

부디 모두가 '어떻게든 되겠지' 하는 편안한 마음으로 이 책을 활용했으면 좋겠다.

제 1 장

'뇌'에서 불안을 없애다

1

자기 전에 긍정적인 상상을 한다

불안함을 잘 느끼지 않는 체질이 되려면 뇌의 신경망을 '긍정적인 회로'가 지배할 수 있도록 만들어야 하는데, 이때 '긍정적인 상상'이 효과적이다.

스코틀랜드의 저명한 유기화학자인 데이비드 해밀턴David Hamilton 박사는 긍정적인 사고가 뇌의 미세한 구조를 바꾸고 시냅스 결합을 강화한다는 사실을 밝혀냈다. 같은 생각을 반복

할수록 시냅스 결합은 강해진다.

하지만 상상에 익숙하지 않은 사람은 '긍정적인 상상을 하라'고 해도 어쩔 줄 모를 것이다. 그렇다면 다음 방법을 시험해 보자.

자기 전에 긍정적인 상상을 하는 법

❶ 자신이 원하는 삶을 짧게 종이에 적는다.

(예: 오래된 단독주택에 살면서 여러 고양이와 함께 살고 싶다.)

❷ 잠자리에서 자기 전에 원했던 삶의 모습을 동영상처럼 상상한다.

(예: 정말로 고양이와 살고 있는 것처럼 머릿속에서 구체적인 장면을 떠올려 본다.)

❸ 상상할 때는 오감(보고 듣고 느끼고 냄새를 맡고 맛보고)을 떠올린다.

(예: 고양이는 몇 마리인가? 털은 어떤 색인가? 울음소리는 어떤가? 고양이를 안으면 어떤 느낌인가? 정원에서 함께 놀 때 나뭇잎에서는 어떤 향기가 났는가? 고양이에게 둘러싸여 먹었던

맛있는 케이크의 맛 등을 상상해간다.)

❹ 행복한 마음으로 잠든다.

❺ 1~3주 동안 똑같은 상상을 한다.

❻ 새로운 ❶을 준비하고 자기 전 습관으로 만든다.

포인트는 오감을 떠올리며 상상하는 것이다. 특히 '냄새(후각)'와 '맛(미각)'은 뇌의 매우 낡은 영역을 사용하기 때문에 시냅스를 재프로그래밍하는 데 큰 힘을 발휘한다.

여러분이 느끼는 불안의 99%가 '보는 것(시각)' '듣는 것(청각)' '느끼는 것(감각)' 때문에 생긴다.

따라서 불안 회로의 영향을 받지 않는 '후각'과 '미각'을 상상하면 뇌의 신경망을 긍정적으로 바꾸는 데 매우 효과가 있다.

또한 자기 전에 해야 효과가 더욱 높아진다. 자기 직전에 '긍정적인 경험'을 하고 뇌에 저장되면 렘수면 상태에서 먼저 처리된다. 그 결과 뉴런의 연결(시냅스)이 낮의 경험보다 3배로 늘어난다.

신경망이 급속히 '긍정적인 회로'로 바뀌어가면서 꿈의 내용도 행복한 것으로 변화해가는 사람이 많다. 일주일 동안 계속하면 딱히 이유가 없어도 기분이 좋아진다. 약 3주 후에는 뇌가 반복적으로 상상하는 패턴을 인식하고 대뇌가 아닌 소뇌에서 정보를 저장하게 된다.

즉, 부정적인 신경회로가 긍정적으로 바뀌어 자동으로 기쁨과 안정을 느끼게 되는 것이다. 이 방법은 공황장애 등 불안장애 치료에도 이용되고 있으며 높은 효과를 발휘하고 있다.

소개한 사례는 고양이와 생활하는 것이었지만 원하는 것이라면 무엇이든 좋다. 단, 진심으로 행복을 느낄 수 있는 것이 아니면 의미가 없다.

자신이 진정으로 소망하는 것이 무엇인지, 자신의 마음과 마주하길 바란다.

매일 밤 상상하자

2

즐겁지 않아도 '가짜로 웃는 얼굴'을 만든다

프랑스의 철학자 알랭Alain의 〈행복론〉을 보면 '행복해서 웃는 것이 아니라 웃어서 행복한 것이다'라는 말이 있다. 이 말은 과학적으로도 일리 있는 말이다.

오래전 독일의 심리학자 프리츠 슈트라크Fritz Strack는 1988년에 다음과 같은 실험을 실시했다. 입에 연필을 문 그룹과 그렇지 않은 그룹에게 똑같은 만화를 읽고 점수를 매기라고 했더니 연필을 문 그룹이 만화를 더 높게 평가했다고 한다. 입에 연필을 물면 저절로 웃음이 난다.

그 후 유사한 실험이 여러 곳에서 이루어졌고 같은 결과를 얻었다.

즉, 인간이 웃는 이유는 '즐거우니까', '행복하기 때문에'가 아니라 알랭이 말하는 것처럼 '웃는 얼굴이 되기 때문에 즐거워지는 것'이다.

뇌의 신경망에는 '웃는 얼굴' = '즐겁다' '행복하다'라고 인식하고 있기 때문에 이를 거꾸로 이용하여 즐겁지 않아도 '가짜로 웃는 얼굴'을 만들어 행복한 기분을 불러일으키는 것이다.

예를 들어, 긴장되는 회의를 앞두고 불안이 몰려올 것 같다고 하자.

이때 펜 등을 입에 물고 '가짜로 웃는 얼굴'을 만들면 근육의 기억(머슬 메모리)이 뇌로 정보를 보낸다.

'뇌야! 내(입꼬리 근육)가 웃고 있어. 즉, 기분이 좋은 거야.'

그 순간 뇌는 '그렇지 않아. 지금은 불안해서 죽을 것 같아' 라고 답한다.

이때 포기하지 않는 것이 중요한다.

2분 정도 가짜로 웃는 얼굴을 만들다 보면 뇌는 저항을 멈추고 근육의 의견을 받아들인다. 왜냐하면 뇌는 항상 몸과 마음을 일치시키도록 작용하기 때문이다.

심리학에서는 이런 특성을 '구체화Embodiment'라고 부른다.

또한 '즐거운 움직임을 하면 즐거워진다'는 연구도 있다. 샌프란시스코 주립 대학의 에릭 페퍼Erik Peper 등은 피험자에게 스킵(한 발씩 번갈아가며 경쾌하게 깡총깡총 뛰며 나아가는 동작) 등 즐거운 움직임이나 웃기는 포즈를 취하게 한 후 마음의 상태를 조사했는데 이때 많은 사람이 밝아졌다고 한다.

얼굴 표정보다 손발을 즐겁게 움직이면 구체화의 효과가 높아진다는 것이 요즘 심리학의 주류가 되어가고 있는 듯하다.

미국의 사회심리학자 에이미 커디Amy Cuddy는 소파에 앉아서 목 뒤로 팔짱을 끼고 다리를 테이블이나 의자에 올리는 포즈를 취하면 불안을 해소하는 데 도움이 된다고 한다.

즉, 무리해서라도 즐거운 움직임이나 포즈를 취하면 마음이 그에 맞게 바뀌는 것이다.

구체적으로 주먹을 불끈 쥐거나 즐거운 춤을 추거나 애니메이션 캐릭터를 흉내내는 등 불안할 때 절대로 취하지 않을 것 같은 포즈를 취하는 것이 좋다.

그러면 불안했던 마음이 서서히 즐겁고 긍정적으로 변할 것이다.

불안한 프레젠테이션을 앞두고…

3

자존감을 높인다

요즘 '자존감'이라는 말이 주목받고 있다. 자존감이란 '단점을 포함해 있는 그대로의 자기 자신에 대한 만족감'이라고 정의할 수 있다.

한 조사에 따르면 자기 자신에게 만족하고 있다고 대답한 젊은이의 비율이 미국 86.0%, 영국 83.1%, 프랑스 82.7%, 한국 71.5%, 일본 45.8%였다고 한다.

자존감이 낮으면 항상 타인에게 휘둘리거나 타인과 비교해 불안해지거나 자신이 말하고 싶은 것을 말하지 못하고 우울해하거나 그런 한심한 자신을 싫어하게 되는 등 부정적인 사고에 빠져버리고 만다. 동양에서 쉽게 불안해지는 사람이 많아진 이유는 자존감이 낮은 것이 하나의 요인이라고 생각한다.

그러나 자존감도 뇌의 신경망을 바꾸면 높일 수 있다. 자존감은 좋은 머리, 좋은 성격, 높은 학력, 좋은 직업 등 개개인의 '스펙'에 좌우되는 것이 아니다. 남들이 부러워할 만한 사람 중에도 자존감이 낮은 사람이 있다.

불안해지기 쉽다면 자존감이 낮을지도 모른다. 하지만 자존감은 언제든지 높일 수 있다. 다음 방법으로 뇌의 신경망에 새겨져 있는 이미지를 스스로 바꾸어 보자.

이미지를 스스로 바꾸는 방법

❶ 편하게 앉는다. 눈을 감는다. 눈앞에 영화 스크린이 있다고 생각한다.

❷ 지금 가장 고민하고 있는 상황 등을 상상하고 영화의 한 장면처럼 스크린에 비춘다.

(예: 상사가 부탁한 무리한 일을 거절하지 못하고 있다.)

❸ 영상을 일시 정지해 정지 화면을 만든다. 색을 흑백으로 바꾼다. 음성을 점점 음소거해간다.

❹ 스크린 우측 하단에 작은 스크린을 표시한다. 거기에 이상적인 나, 되고 싶은 나를 비춘다.

(예: 상사에게 단호하게 "오늘은 약속이 있습니다."라고 일을 거절한다.)

❺ "바꿔!"라고 외친다. 작은 스크린이 큰 스크린을 바꾼다.

❻ 바꾼 동영상을 재생한다. 그 동영상을 시청하며 자신답게 살아가는 모습을 만끽한다.

(예: 집에 일찍 들어가 가족과 즐겁고 단란하게 보낸다 등)

'이미지를 스스로 바꾸는 것'도 여러 번 반복하면 뇌 신경망에 변화가 생긴다.

이미지를 스스로 바꾸는 때는 자신답게 행동하지 못했다고 생각한 날 밤에 하면 좋다. 반복하다 보면 똑같은 상황에 처했을 때 본심대로 대응할 수 있을 것이다.

소개한 사례처럼 이미지 트레이닝을 해서 말하면 상사의 무리한 부탁을 단호히 거절하고 가족과 소중한 시간을 보낼 수 있게 될 것이다.

'자존감을 높이는 것'은 '나답게 사는 것'이다. 항상 불안에 떨면 자신의 삶을 산다는 생각이 들지 않을 것이다. 적극적으로 이미지를 스스로 바꿔 다른 사람에게 휘둘리지 않는 인생을 살기 바란다.

다른 사람에게 휘둘리지 않는다?!

4

불안하게 느낀 것을 종이에 쓴다

불안하다고 생각하는 것을 종이에 쓰면 그것만으로도 불안이 완화되는 것이 심리학의 실험을 통해 밝혀지고 있다.

시카고 대학교의 사인 베일락Sian Beiloc 교수 등은 시험 10분 전에 시험에서 불안하게 생각하는 것을 쓴 경우와 아무것도 하지 않았던 경우 전자에서 성적이 올랐다고 연구 결과를 발표했다.

왜 불안을 쓰는 것만으로도 시험 성적이 올랐을까?

그 이유는 '불안해지는' 자체가 뇌의 작업 기억(단기 기억)의 용량을 소비하기 때문이다.

불안한 사람은 시험을 치면서도 한편으로는 스스로의 불안을 살피면서 그 불안을 억제하려고 한다. 그렇기 때문에 뇌의 작업 기억이 쓸데없이 소비된다.

그런데 불안을 쓰면 작업 기억을 차지하는 '불안'을 몰아낼 수 있고, 그 결과 뇌를 효율적으로 사용할 수 있어 성적이 올랐다고 할 수 있다.

이렇듯 불안과 스트레스를 쓰는 것을 '표현적 글쓰기 Expressive writing'라고 부르며 이미 수백 개가 넘는 과학적 연구를 통해 그 효과가 증명되었다.

일기나 SNS에 자신의 불안을 적는 사람도 있는데 이는 불안을 극복하는 것으로 과학적으로도 이치에 맞는 행동이다.

'표현적 글쓰기'의 창시자인 제임스 W. 페니베이커James W. Pennebaker 교수는 다음과 같이 말했다.

"수많은 연구를 통해 '표현적 글쓰기'를 체험한 피험자는 행복감이 높아졌고 부정적인 감정이 줄어들었다."

"수주간에서 수개월 사이에 우울증이 개선되고 스트레스가 적어지는 경향도 볼 수 있었다. 그 외의 연구에서도 전체적인 행복감의 높아지거나 인지 능력 개선 등이 확인되었다."

쓰는 행위로 뇌에서 불안을 쫓아내면 뇌의 신경망도 점차 '긍정적인 회로'로 바뀌어 간다. 이를 지속하다 보면 불안을 잠재울 수 있는 체질이 될 수 있다.

효과적인 '표현적 글쓰기' 방법은 다음을 참조하자.

표현적 글쓰기 방법

❶ 하루 20분, 불안과 고민을 쉬지 않고 아무거나 막 적는다

(잘 써야 한다거나 오탈자는 걱정 말고 막 쓰는 것이 요령이다. 이때 컴퓨터 등을 이용하지 말고 손으로 쓸 수 있는 노트를 준비하는 것이 효과적이다.)

❷ 먼저 4일간 지속한다.

(많은 연구에 따르면 적어도 4일간 지속하지 않으면 효과가 미미하다. 시간은 자기 전이 가장 좋다.)

❸ 익숙해지면 개인적인 불안을 일반론으로 바꾸어 간다.

❹ 개인적인 불안: '오늘도 일하다 실수했다. 상사한테 혼날까 봐 불안했다.'

❺ 일반론: '사람은 누구나 실수할 수 있다. 누구나 혼날까 봐 불안해하는 것은 당연하다.'

(이와 같이 자신에게 일어난 일을 일반화하면 불안이나 스트레스를 객관적으로 바라볼 수 있다. 그러면 결과적으로 부정적인 감정이 중화된다.)

예로부터 동서고금의 소설가 중에는 자신의 불안을 해소하기 위해 소설을 쓴 사람도 적지 않다. 글 쓰는 것이 힘들지 않다면 꼭 불안을 해소하기 위해 솔직한 생각을 문장으로 표현해 보자.

다행히 요즘은 기사 투고 플랫폼인 note 등에 적어 놓고 나중에 발표할 수도 있다. 분명 최고의 표현적 글쓰기가 될 것이다.

불안하면 마구 써본다!

불안
불안
불안
불안
분명히 바람을 피우고 있어.
불안해서 죽을 것 같아.
불안
불안
불안
불안
불안
불안
불안
배신자!
왜 오늘도 퇴근이 늦지?
기분이 좀 나아졌어
불안
불안
불안
불안
불안
불안
우와!!
왜 그렇게 어두운 표정이었어? 여기, 생일 선물!

5

'죽음'에 대해 글을 쓴다

좋아하는 책 중에 사진가 후지와라 신야藤原新也의 명저 〈메멘토 모리メメント・モリ, memento mori〉아사히신문 출판가 있다. 이 책은 발매 후 37년에 걸쳐 계속해서 독자의 사랑을 받고 있는 베스트셀러다. 인도 등 아시아 여러 나라의 사진과 함께 마음에 와 닿는 시구詩句가 곁들여져 있다.

학창시절에 이 책을 접한 후 여러 번 그 힘찬 '삶의 찬가'에

많은 도움을 받았다.

'진짜 죽음이 보이지 않으면 진짜 삶도 살 수 없다'는 말에서 죽음을 직면하지 않으면 단 한 번의 삶도 온 힘을 다해 살 수 없다는 것을 배웠다.

'메멘토 모리'란 라틴어로 '죽음을 생각하라'는 뜻이다.

여기에서 〈메멘토 모리〉를 소개한 이유는 '죽음'을 생각하고 그것을 말로 표현하는 것은 불안을 해소하는 데 효과적이기 때문이다.

이는 죽음을 주제로 한 글쓰기 'Death Writing'이라고 불린다.

영국 켄트 대학교University of Kent 심리학자 팀은 죽음을 주제로 한 글쓰기를 하면 이를 통해 자존감과 동기 부여가 이뤄지고 불안과 스트레스 수준이 떨어진다고 발표했다.

또한 타인에 대한 배려나 협조심도 상승했다고 한다.

죽음을 주제로 한 글쓰기 방법

일주일 동안 죽음에 대한 글을 하루에 10~15분 동안 쓴다.

방법은 간단하다. 그러나 구체적으로 '인생이 곧 끝난다면 어떻게 할 것인가?' '생각보다 나의 수명이 짧다는 것을 알게 되면 어떻게 할 것인가?' '죽으면 주변 사람이 어떻게 반응할 것인가?' 등의 물음에 에세이를 쓰듯 적는다.

매일 죽음에 대해 진지하게 생각해보자.

죽음을 주제로 한 글쓰기로 불안감을 떨칠 수 있는 이유는 누구나 피할 수 없는 '죽음'에 대한 생각을 통해 현재의 '삶'에 대한 희소가치를 인식할 수 있기 때문이다.

평상시에는 한 번뿐인 인생이 얼마나 소중한지 일상이 바빠 생각하지 못한다.

그러나 일주일간 진지하게 죽음과 마주하면 살아 있는 것이 얼마나 찬란한 것인가를 느끼게 된다. 불안을 느끼는 것조차 '삶의 일부'라고 생각하면 그것도 소중해지는 것이다.

한때 스티브 잡스는 '오늘이 인생의 마지막 날이라면 오늘하는 일이 정말 하고 싶은 일일까?'라고 묻곤 했다고 한다.

죽음을 주제로 한 글쓰기는 '자신의 마음 그대로 사는 것'의 소중함을 일깨워주는 것인지도 모른다.

단, 이 방법은 다른 방법을 실천하여 불안이 해소된 후 '마지막 한 수'로 실행하기 바란다.

우울증이나 불안장애 등에 시달리는 사람이 죽음에 대한 글쓰기까지 하면 뇌의 신경망이 더욱 부정적으로 바뀌기 때문에 정신 상태를 악화시킬 위험이 있다.

쉽게 불안을 잠재울 수 있는 체질이 된 후 새로운 마음으로 새로운 삶의 첫 걸음을 내딛었을 때 동기 부여를 위해 진행하면 좋다.

삶이란 진정 멋진 것!

6

자기 전에 '긍정 일기'를 쓴다

인간은 하루에 6만 번 생각한다고 알려져 있다. 즉, 깨어 있는 동안 1초에 한 번 무언가를 생각하고 있다는 계산이 된다.

그 6만 번 중 약 80%에 해당하는 4만 5천 번은 부정적인 생각이 되기 쉽다고 한다. 그 이유는 '부정적인 생각 = 불안'을 생각하는 것으로 인간은 위험을 예견하여 생존 경쟁에서 이겨왔기 때문이다. 유전자 차원에서 그렇게 프로그래밍되어 있는 것이다.

또한 인간은 무언가를 경험하면 뇌가 그것을 기억하기 위해 매우 많은 시냅스를 만든다. 마찬가지로 무언가를 생각하는 것만으로도 많은 시냅스가 만들어진다. 즉, 인간은 의식적으로 '긍정적인 생각'을 하지 않으면 원래 '부정적인 생각 = 불안'해지는 것이 기본이다.

특히 동양인은 뇌의 신경전달물질인 세로토닌의 분비량이 서양인보다 적어 불안해지기 쉬운 경향이 있다.

지금까지 뇌의 신경망을 긍정적으로 바꾸는 방법을 소개했는데, 지금 소개하는 '긍정 일기'는 가장 습관화하기 쉽다.

긍정 일기 쓰는 방법

❶ 그날에 있었던 부정적인 일 1가지를 일기에 쓴다(단문으로 열거).

❷ 그날에 있었던 긍정적인 일 4가지를 일기에 쓴다(단문으로 열거).

①은 '일에 집중할 수 없었다' '드라마를 못 봤다' 'SNS를 너무 많이 봤다', ②는 '날씨가 좋아 기분이 좋았다' '점심이 맛있었다' '전철에 앉았다' '썸남이 오늘은 더 멋있었다' 등, 사소한 것이 좋다.

장문으로 쓰면 꾸준히 할 수 없으니 단문으로 열거하는 것으로 충분하다. 자기 전에 하루를 생각하며 습관화하는 게 핵심이다.

이 방법은 옥스퍼드 대학교의 일레인 폭스Elaine Fox가 고안했으며 '좋은 것을 위해For good things'라고 불린다.

왜 이 방법이 불안을 해소하는 데 효과가 있는지 알아보자.

앞서 설명한 것처럼 인간의 뇌는 기본적으로 부정적인 생각을 하기 때문에, 바꿔 말하면 뇌의 신경망이 부정적인 회로이기 때문에 긍정적인 일이 있어도 곧 잊어버리는 경향이 있다. 그 부정적인 고리를 끊기 위해 반강제적으로 긍정적으로 뇌를 바꿔나가는 것이 '좋은 것을 위해'다.

부정적인 일을 하나만 적는 이유는 굳이 부정적인 일을 생각한 후 그것보다 긍정적인 일이 더 많았다고 뇌에 인식시켜 긍정적인 영향을 강하게 만들기 위해서다.

자기 전에 쓰는 이유도 지금까지 말했던 것처럼 시냅스 양을 늘리는 데 효과적이기 때문이다.

잠기 전에 할 일이 많다고 느낄 수 있다. 물론 모든 것을 다 실천할 필요는 없다. 직접 해보고 효과를 느꼈던 것을 습관화하면 된다

긍정적인 뇌로 만들자

부정적인 생각을 하는 사람의 뇌
나는 불행해
무능
쓸모 없는 인간
사랑받지 못해
실패뿐이야
긍정 일기를 쓰면
늦잠 잤다
웃는 얼굴이 보기 좋다는 말을 들었다
케이크가 맛있었다
일을 집중해서 했다
방을 청소했다
자는 동안 긍정적인 뇌로
나는 행복해
유능
일 잘하는 여성
사랑받는 사람
긍정적
뇌가 변하면 행동도 변한다
예민녀가 뭔가 바뀐 거 같아.

7

불안한 것을 생각하는 시간을 계획한다

'지금 하는 일을 계속할 수 있을지 불안해' '아이의 미래가 불안해' '대출을 갚을 수 있을지 불안해' '지병이 악화되지 않을까 불안해' 등 고민해도 어쩔 수 없는 것을 반복해서 생각하지는 않는가?

그런 사람은 미리 '불안한 것을 생각하는 시간을 계획하는 방법'을 시도해 보기 바란다.

예를 들어

- 돈에 대해서는 수요일 오후 1시부터 30분만 고민한다.
- 아이에 대해서는 월요일 점심 시간에만 고민한다.
- 금요일 귀갓길에 이직에 대해 생각한다.

이런 식으로 자신이 안고 있는 불안을 생각하는 시간을 미리 계획한다.

인간이란 신기하게도 나중에 걱정거리에 대해 생각하겠다고 계획하는 것만으로도 심리적인 스트레스가 줄어든다. 앞서 말한 뇌의 '작업 기억'이 낭비되지 않기 때문에 다른 것에 집중할 수 있게 되는 것이다.

이 방법은 심리학의 세계에서는 옛부터 이루어지고 있으며 자극 제어 훈련이라고 불린다. 불안해지기 쉬운 사람일수록 더 효과적인 것으로 알려져 있다.

불안한 것을 생각하는 시간을 계획하는 방법

❶ 달력에 불안한 것을 생각하는 시간을 적는다.

(불안한 것을 생각하는 시간은 일주일에 1~2회까지 15~30분 사이로 설정한다. 한 번에 1가지만 고민한다. 자기 전 시간은 피한다.)

❷ 불안한 것을 생각하는 시간이 시작되면 불안한 것의 내용을 종이에 쓴다.

(계획한 시간이 되면 일을 하듯 머리에 떠오른 불안을 종이에 쓴다. '표현적 글쓰기' 참고.)

❸ 항상 보이는 위치에 달력을 놓는다.

(늘 달력이 눈에 들어오도록 두면 '불안한 것을 생각하는 것은 내일! 지금은 생각하지 말자!' 등 자신을 다잡을 수 있다. 수첩이나 달력 앱에 일정을 기입하는 경우 매일 일정을 확인하고 그 시간을 언제나 기억한다.)

일주일이 지난 후 자신이 종이에 쓴 것을 다시 읽어보자. 자신이 그 불안에 대해 어떻게 느끼는지, 제삼자의 입장에서 객관적으로 바라보는 것을 습관화하자.

그러면 불안해지는 패턴을 알 수 있다. '사람과 처음 만날 때나 대출을 생각할 때 불안해지네' '아이의 시험 점수가 나쁠 때 쓸데없이 미래를 불안해하네' 등 자신을 냉정하게 분석할 수 있게 된다.

그러면 같은 상황이 되었을 때 '또 이 패턴이구나' 하고 객관적으로 받아들일 수 있어서 불안감이나 스트레스가 줄어든다.

매일 불안해서 일에 집중할 수 없는 사람은 꼭 '불안한 것을 생각하는 시간'을 계획해보자. 지속할수록 불안에 휘둘리지 않는 정신력을 기를 수 있다.

불안한 것을 생각하는 시간을 계획한다!

8

표현하여 불안을 없앤다

불안할 때 뇌에 분비되는 신경전달물질인 노르아드레날린은 '투쟁 또는 도망'의 물질로 알려져 있다. 머리말에서 설명한 것처럼 만약 사자와 마주쳤다면 바로 노르아드레날린이 분비되어 싸울 것인지, 도망칠 것인지 판단하라고 한다. 그대로 멍하니 있으면 죽을 테니 말이다.

불안할 때도 사자와 만났을 때와 같이 뇌가 '위기'라고 판단하여 노르아드레날린을 분비한다. '어서 행동해서 위험에서 탈출해!'라고 재촉하는 것이다. 그런데도 아무것도 하지 않고 멍하니 있으면 노르아드레날린이 계속 분비되어 불안감이 더욱 강해진다.

즉, 불안을 빨리 해소하는 방법은 '빨리 행동하는 것'이다. 싸우든 도망가든 행동하는 것이 불안에서 해방되는 최선책이다.

지금까지 '긍정적인 상상을 한다' '쓴다' '웃는 얼굴을 만든다' 등의 방법을 소개했다. 이 모두가 '행동'이다.

지식으로 입력만 하면 현실은 바뀌지 않는다. 실제로 실천(표현)해야만 비로소 현실을 바꿀 수 있다.

그렇지만 무언가를 새롭게 시작하는 것이 귀찮다는 것도 이해하고 있다. '행동하라'는 말을 들어도 좀처럼 의욕이 생기지 않을 수도 있다.

그럴 때 다음을 반드시 기억해주기 바란다.

인간은 지금까지 '먼저 머리로 생각한 후 뇌에서 명령을 내려서 행동한다'고 생각되어 왔다.

그러나 요즈음 뇌과학에서는 인간은 '행동한 후 생각한다'는 것이 밝혀지고 있다.

예를 들면, 가위바위보에서 '보를 내자'고 생각하기 전에 뇌가 '보를 내'라고 근육에게 명령을 내보내 근육이 움직여서 마음이 '보를 내자'고 생각하기 시작한다.

좀처럼 실감하기 어렵지만 뇌의 움직임을 측정하면 이 순서를 명확히 알 수 있다.

미국의 생리학자 벤저민 리벳Benjamin Libet의 연구를 보면 동작을 준비하기 위해 내보내는 신호가 동작을 행하는 의식의 신호보다 빠르다는 것이 해명되었다.

이것이 의미하는 것은 '행동하면 거기에 이끌려 뇌도 의욕이 생긴다'는 것이다.

예를 들어 시험 공부할 마음이 생기지 않는다면 일단 책상에 앉아 참고서를 펼쳐 노트에 적기 시작한다.

여러 메일에 회신해야 한다면 일단 메일함을 열고 회신 버튼을 누른 후 쓰기 시작한다.

그러면 신기하게도 뇌가 점점 의욕적으로 바뀌어간다.

이와 마찬가지로 이 책에서 소개한 방법도 먼저 시작해보면 점점 의욕이 생길 것이다.

이제 이 장의 마지막으로 뇌에서 불안을 없앨 수 있는 표현법을 소개하겠다.

맥이 빠질 정도로 간단한 것이지만, 불안해해지기 쉬운 사람이 의외로 실천하지 않았던 방법이다. 일상 생활에서 늘 기억해두면 좋겠다.

불안을 없애는 표현법

❶ 다른 사람과 이야기하거나 상담한다.

고민을 사람에게 이야기하고 난 후 마음이 편해진 경험은 누구나 있을 것이다. 친구에게 상담하거나 잡담하면 불안의 악순환에서 벗어날 수 있다. 카운슬러나 정신과 의사에게 '말하는 것'만으로도 마음이 편해지는 사람도 적지 않다. 가장 안 좋은 것은 '불안'을 마음 속에 넣어두는 것이다.

❷ 쓴다.

소개한 방법이 아니어도 불안을 쓰면 뇌에서 정리되어 자기 통찰이 깊어진다. 잘못된 생각이나 극단적인 감정을 바꿀 수 있는 단서가 된다. 불안해지기 쉽다는 것은 그만큼 섬세하다는 것을 의미한다. 섬세한 사람은 다른 사람이 깨닫지 못하는 것도 발견할 수 있다. 그것을 작품으로 만들어 발표해도 좋다.

❸ 운동한다.

적어도 온 힘을 다해 운동할 때는 불안을 느끼지 않을 것이다. 운동하는 습관이 없는 사람은 꼭 이번 기회에 운동을 시작하자. 운동을 통해 행복 호르몬인 세로토닌이 활성화되고 노르아드레날린이 정상화되는 것을 느낄 수 있을 것이다.

이상, 뇌에서 불안을 없애는 방법을 소개했다.

이를 꾸준히 실천해도 불안이 사라지지 않는다면 '장'에 불안의 원인이 있을지 모른다.

표현하여 불안 해소!

친구랑 수다를 떨거나…
상사가 분위기 파악을 전혀 못해서 정말 싫어.
짜증나겠네.
진심을 쓰거나…
천재! 소설 완성!
운동만 해도…
불안이 많이 줄었어요.

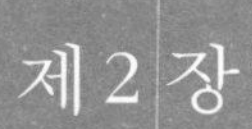

제 2 장

'장'에서 불안을 없애다

9

프로바이오틱스(발효 식품)를 먹는다

'프롤로그'에서 설명한 것처럼 불안을 잠재우려면 '장내 환경의 균형을 맞추는 것'이 중요한다. 장 속에 사는 유익균은 행복 호르몬인 세로토닌의 분비를 촉진하고 불안을 없애는 데 효과적인 비타민 B군의 합성에도 관여하기 때문이다.

이제부터 '장내 환경 정비'를 위한 구체적인 방법을 설명하겠다.

먼저 소개하는 방법은 '프로바이오틱스'다.

프로바이오틱스란 '공생'을 뜻하는 '프로바이오시스'가 어원인 말로 발효 식품을 먹어 유익균 자체를 장으로 보내는 것이다. 유익균과 함께 사는 것이다.

장 안에는 100조 개나 되는 장내 세균이 살고 있다. 무게로 치면 약 1~1.5킬로그램이다. 사람의 체중의 약 1~1.5킬로그램은 '내'가 아닌 '장내 세균'의 무게인 것이다. 놀랍지 않은가?

건강한 성인의 장내 세균은 유익균이 20%, 유해균이 10%, 기회감염균이 70%라고 한다.

기회감염균은 장 안에 유익균이 많으면 유익균에 협력하고, 유해균이 많으면 유해균에 협력하는 장내 세균이다. 즉, 장에서 유익균이 많도록 유지하면 기회감염균도 아군이 되어 장내 환경이 좋게 유지되는 것이다.

불안해지기 쉬운 사람은 유익균의 수가 줄었다고 할 수 있다.

따라서 발효 식품을 적극적으로 섭취하자.

유익균을 늘리는 발효 식품

■ 낫토, 된장, 누카즈케(쌀겨에 소금을 섞어서 채소 등을 잠기게 넣고 숙성시키는 쌀겨 절임), 김치, 요구르트, 치즈, 누룩, 감주 등

단, 유제품은 주의가 필요한다. 우유를 마시면 배탈이 나기 쉬운 사람은 우유의 단맛 성분을 분해하지 못하는 '유당불내증'일 가능성이 있다. 황인종의 30%가 이에 해당한다.

또한 우유 및 유제품에는 지연형 알레르기 물질도 포함되어 있다. 지연형 알레르기는 우울증이나 만성피로, 어깨결림이나 현기증 등 다양한 증상이 섭취 후 며칠이 지나서 나타날 수 있기 때문에 그 증상을 알레르기라고 인식하기 어렵다.

어쩌면 불안의 원인은 유제품에 있을지도 모른다.

이는 개인적인 생각이지만 '한국인의 장내 환경에는 한국

에서 만들어진 발효 식품이 맞는다'고 생각한다. 아기의 장내 세균은 출산 시 어머니에게서 받는다. 즉, 살고 있는 환경과 조상 대대로 먹어 온 음식의 영향을 받아 장내 환경이 형성되는 것이다. 따라서 한국인이라면 한국의 전통 발효 음식을 먹는 것이 장에 좋다. 요구르트와 치즈 등 발효 음식을 먹어도 효과를 느끼지 못하는 사람은 한국의 전통 발효 음식을 먹어보자.

본격적으로 프로바이오틱스를 시작하려 하는 사람은 국내에 출간되어 있는 '발효 음식 만들기'에 관한 책을 참고해도 좋을 것이다.

**시작하자!
발효 라이프~**

뇌 건강은
장 건강에서!
발효 식품은
장의 유익균, 그 자체!
맛있으니까
많이 먹자!
된장
젓갈
안쵸비
김치
배 아파!
너무 많이 먹지 않도록 주의하세요.

10

프리바이오틱스(식이섬유)를 먹다

프로바이오틱스(발효 식품 먹기)를 시작해도 그 효과를 실감할 수 없는 사람이 적지 않다.

실은 발효 식품을 먹어서 장에 유익균을 살게 해도 유익균은 마음대로 늘어나지 않는다.

유익균도 '생물'이다. 생물이기 때문에 무언가를 먹어야 살 수 있다.

그렇다면 그 '무언가'는 무엇일까?

의외로 알려져 있지 않지만 장내 세균의 음식은 여러분이 잘 알고 있는 '식이섬유'다.

지금 소개하는 '프리바이오틱스'는 식이섬유를 먹는 것이다. '프리'는 '먼저'라는 뜻이다. 장내 세균을 기르기 위해 '먼저' 유익균의 먹이가 되는 '식이섬유'가 필요하다.

식이섬유는 크게 '수용성 식이섬유'와 '불용성 식이섬유'의 2종류로 나뉜다.

유익균의 먹이가 되는 것은 수용성 식이섬유다.

수용성 식이섬유

- 많이 함유된 음식: 다시마, 미역, 오크라, 곤약, 토란, 보리, 과일 등
- 주요 특징: 유익균의 먹이가 되어 유익균 증가

불용성 식이섬유

- 많이 함유된 음식: 채소, 곡류, 콩류, 버섯류 등
- 주요 특징: 장의 연동운동을 촉진시켜 유해 물질 배출

'식이섬유'라고 해도 각각의 특징이 있으며 수용성 식이섬유를 섭취하지 않으면 유익균에 먹이를 줄 수 없기 때문에 주의가 필요하다.

유익균은 수용성 식이섬유프리바이오틱스를 먹고 거기서 단쇄지방산이라는 물질을 만들어낸다. 이 단쇄지방산이 혈관을 통해 뇌에 작용하여 세로토닌의 분비를 촉진한다.

2015년에 옥스퍼드 대학교가 실시한 실험에서 프리바이오틱스 영양제를 3주간 먹은 피험자에게서 현저한 마음의 변화가 일어났다.

'부정적인 정보에 신경 쓰는 횟수가 감소'했고 '스트레스 호르몬인 코르티솔cortisol의 분비가 대폭 줄었다'고 한다.

최근 유사한 연구가 활발히 이루어지고 있어 '뇌장 간 상호작용'은 이제 의학계의 상식이 되었다.

장내 환경을 정비하면 정신적인 면 이외에도 건강 면에서 다양한 효과를 얻을 수 있다.

대충만 정리해봐도 다음과 같이 다양하다.

- 장의 유해 물질을 모아서 제거
- 변비나 설사 개선
- 대장암 위험 경감
- 면역력 향상
- 혈당치 상승을 억제하여 당뇨병 예방
- 다이어트와 피부미용 효과

그리고 오늘날 장의 중요성은 일반인에게 널리 알려져 있으며 '장내 환경 개선'이라는 말도 정착되었다. 그래서 발효 식품이나 채소를 의식적으로 먹는 사람이 적지 않다.

그럼에도 한국인의 식이섬유 섭취량은 해마다 저하되고 있다. 섭취 기준량은 여성 20~25그램, 남성 25~3그램 정도이나 전 연령대에서 기준량을 밑돌고 있다.

채소를 적극적으로 먹는데도 식이섬유가 부족한 이유는 수용성 식이섬유와 곡물 섭취량이 줄었기 때문이다.

의외일지도 모르지만 한국인이 식이섬유를 가장 많이 섭취하는 것은 '쌀'이다. 쌀에는 당질만 있다고 생각하기 쉽지만 식이섬유도 충분히 함유되어 있다.

즉, 무리하게 당질을 제한하는 다이어트를 하면 그만큼 식이섬유의 섭취가 줄어들게 된다.

불안해지기 쉽거나 변비가 되기 쉬운 사람은 식이섬유가 부족할 가능성이 매우 높다.

장내 세균에 먹이를 준다는 생각으로 프리바이오틱스를 실천해 보자.

거짓말처럼 불안감이 사라질 수도 있다.

장내 환경 개선에 가장 좋은 콤비

저항성 전분을 먹는다

'식이섬유가 불안을 없애는 도움이 되는 것은 알았지만 매일 먹는 것은 힘들지…'라고 생각하는 사람도 있다.

그런 게으른(나도 마찬가지) 사람에게 꼭 추천하고 싶은 것이 저항성 전분RS이다. 저항성 전분이란 소화하기 어려운 전분를 말하며 통칭 '제3의 식이섬유'라고 불린다.

이 저항성 전분이 실로 엄청나다.

저항성 전분은 장에 들어가면 수용성 식이섬유와 불용성 식이섬유 둘 모두의 기능을 담당한다. 즉, 유익균의 먹이가 되면서 동시에 장의 연동운동을 촉진하여 유해 물질을 배출하는 것이다.

어떻게 그런 능력을 가졌는가를 설명하면 말 그대로 '소화가 어렵기 때문'이다.

일반 전분은 먹으면 소장에 도달할 때까지 소화 흡수되어 버린다. 그래서 대장에서 유익균의 먹이가 되거나 장을 자극하여 대변을 통해 유해 물질을 청소할 수도 없다.

그러나 저항성 전분은 소장에서 흡수되지 않고 대장에서 항문 근처에 있는 직장까지 유익균에게 먹이를 줄 수 있다.

'소화가 어렵다'는 말은 부정적으로 들리지만 장내 세균의 입장에서 보면 많은 먹이를 주는 고마운 존재다. 저항성 전분은 장내 세균에게는 풍부한 음식이 되는 것이다.

저항성 전분은 인공적으로 가공된 것을 제외하면 총 3종류가 있다.

저항성 전분(RS)의 종류

■ RS1

식품: 현미, 통밀빵 등

특성: 전분이 겨나 표피에 싸여 있어 물리적으로 소화되기 어려워 대장까지 도달

■ RS2

식품: 생감자, 푸른 바나나

특성: 전분 자체가 소화하기 어려워 대장까지 도달

■ RS3

식품: 식힌 밥, 차가운 파스타, 차가운 우동 등

특성: 한 번 가열했다가 식힌 전분이 저항성 전분으로 바뀜

현미밥을 먹지 않는 사람이 현실적으로 저항성 전분을 섭취하는 방법은 RS3가 될 것이다. 무엇보다 간단한다. 전분은 한 번

가열한 후에 식히면 분자 구조적으로 소화되기 어려워진다.

구체적인 방법은 다음과 같다.

- 밥: 밥을 지은 후 상온이나 냉장고에서 1시간 식힌다.
- 파스타: 알 덴테(파스타를 삶고 난 뒤 불에서 내려 건졌을 때, 씹으면 아직 치아에 약간 단단한 식감이 느껴지는 상태)로 삶은 후 냉파스타로 만든다.
- 우동이나 소바: 냉우동, 냉소바로 먹는다.
- 라멘: 츠케멘이나 히야시츄카(냉라멘)로 먹는다.
- 감자: 감자 샐러드로 먹는다.

이렇게 한 번 데우고 나서 식히기만 해도 간편하게 저항성 전분을 섭취할 수 있다.

게다가 저항성 전분은 식후 혈당치 상승이 완만한 '저GI 식품'이다. GI란 식후 혈당치 상승을 나타내는 지표로 저GI 식품은 비만을 예방하고 개선하는 것으로 주목받고 있다.

또한 대장 내에서 만들어진 단쇄지방산이 시간차로 에너지가 되기 때문에 포만감이 지속된다.

거기다 칼로리는 일반 전분의 1/2이기 때문에 다이어트 효과까지 기대할 수 있다.

탄수화물은 좋지 않다는 인식이 생긴 지 오래 되었지만 쌀 등의 탄수화물에는 식이섬유가 듬뿍 함유되어 있으며 이를 식히면 저항성 전분까지 생긴다.

장내 환경의 균형을 맞추는 비장의 카드로 꼭 시도해 보길 바란다.

탄수화물은 이렇게 먹자!

탄수화물의 유혹에 넘어가지 않겠어!
괜찮습니다.
1 Hour
밥은 한 시간 식힙니다.
면 종류는 차갑게 만들어 먹습니다.
잘 먹겠습니다!
저항성 전분은 살이 잘 찌지 않아요.

12

발아 현미를 먹는다

지금까지 현미를 주식으로 먹어온 사람, 앞으로 현미밥을 시작하려는 사람에게 한 가지 조언이 있다. 그것은 꼭 현미를 발아시켜 먹는 것이다. 같은 현미라도 발아 여부에 따라 GABA감마 아미노락산라는 물질의 양이 크게 다르다.

일반적으로 발아 현미는 발아하지 않은 현미에 비해 GABA의 양이 약 3~4배 증가하는 것으로 알려져 있다.

GABA는 스트레스 해소 및 휴식에 필수적인 물질이다. GABA에 의해 뇌에서 유래되는 신경영양인자인 뇌내 물질 'BDNF'의 생성이 늘어나고 그 결과 우울 증상이 경감된다. 또한 치매 예방에도 활용할 수 있다.

단, 효과를 누리려면 지속적으로 실행해야 한다. 최소한 몇 년 단위로 철저하게 현미밥을 먹어야 할 것이다.

참고로 현미밥을 지을 때는 발아 현미 밥솥을 사용하면 좋다. 현미를 발아시켜 맛있게 밥을 지을 수 있기 때문이다.

본격적인 현미밥을 시작하려는 사람은 구입을 검토해도 좋을 것이다.

현미밥 짓는 방법

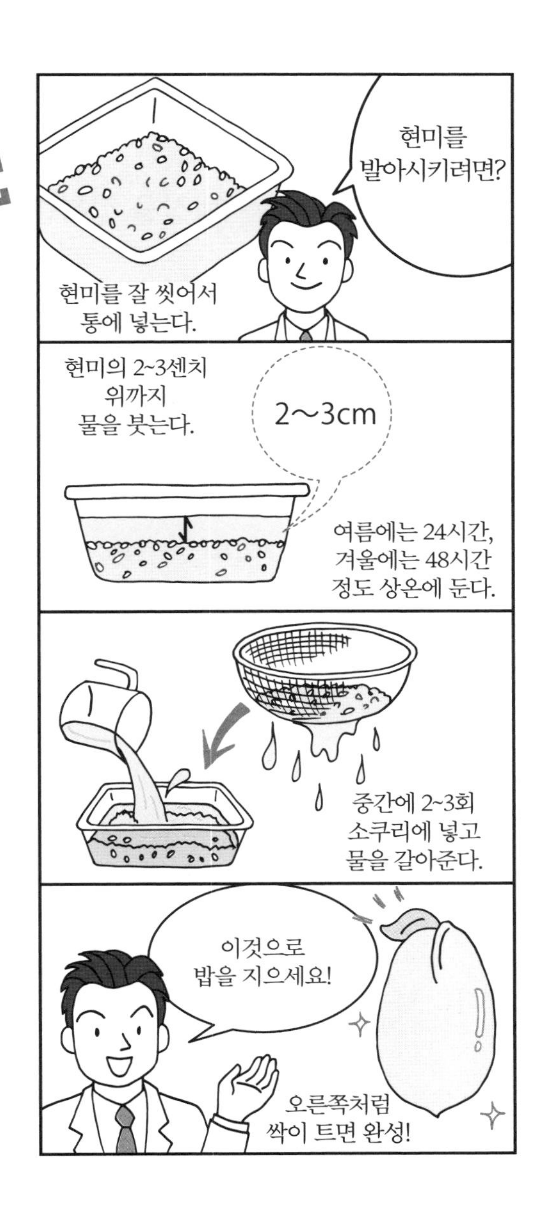

현미를 발아시키려면?
현미를 잘 씻어서 통에 넣는다.
현미의 2~3센치 위까지 물을 붓는다.
2~3cm
여름에는 24시간, 겨울에는 48시간 정도 상온에 둔다.
중간에 2~3회 소쿠리에 넣고 물을 갈아준다.
이것으로 밥을 지으세요!
오른쪽처럼 싹이 트면 완성!

오메가3 지방산을 섭취한다

'장'을 통해 불안을 없애기 위해 신경 써서 섭취했으면 하는 것이 한 가지 더 있다. 바로 '오메가3 지방산', 즉 '기름'이다.

기름은 몸에 나쁘다고 생각하기 쉽지만 실은 적극적으로 섭취해야 할 기름과 자제해야 할 기름이 있다.

다음 페이지에 평소에 섭취하는 기름의 특징을 정리했다.

혹시 자제해야 할 기름을 너무 많이 섭취하고 있지는 않은지 확인해 보길 바란다.

기름 종류

■ 포화 지방산(주로 동물성 기름)

종류: 버터, 라드, 코코넛 오일 등

특징: 에너지원이 됨

현황: 많은 사람들이 과다 섭취 중!

■ 불포화 지방산(주로 식물성 기름)

■ 오메가9 지방산

종류: 올리브 오일, 채종유, 쌀기름 등

특징: 에너지원이 됨

현황: 체내에서 만들 수 있어 무리하게 섭취하지 않아도 됨

■ 오메가6 지방산

종류: 샐러드유, 참기름, 옥수수기름 등

특징: 세포 염증의 원인

현황: 과다 섭취 중!

■ 오메가3 지방산

종류: 어패류의 기름, 들기름, 아마인유 등

특징: 세포막을 부드럽게 만듦

현황: 너무 부족함!

이와 같이 '오메가 3' 이외의 기름은 보통의 식습관으로도 '과다 섭취'라고 할 정도로 섭취하고 있다. 몸에 좋은 올리브 오일도 체내에서 만들어지는 성분이기 때문에 무리해서 먹을 필요는 없다.

그것보다 중요한 것은 '오메가3'다. 오메가3는 여러분도 잘 아는 'DHA 도코사헥사엔산'나 'EPA 에이코사펜타엔산'를 말한다.

체내에서 DHA나 EPA를 만들어내는 'α-리놀렌산'을 함유하고 있는 기름(들깨나 아마인 등의 씨앗에서 짠 기름)도 오메가3로 분류된다.

예전에 바닷가에 사는 어민들은 어류를 중심으로 먹었기 때문에 일부러 오메가3를 섭취하지 않아도 충분했다.

그러나 서구화가 진행되어 이들도 어패류 섭취량이 줄기

시작해 2000년도에는 어패류와 육류의 섭취량이 역전되었다. 오메가3 섭취량이 크게 부족해진 것이다. 그러니 이들을 포함한 일반인들의 심신 상태가 나빠진 큰 요인 중 하나가 '오메가3'의 결핍이다.

왜 오메가3가 부족하면 건강 상태가 나빠지는 것일까? 의외로 잘 알려지지 않은 사실을 간단하게 설명하겠다.

신체는 약 37조 개의 세포로 이루어져 있다. 그 세포를 덮고 있는 막의 대부분은 '기름'이다. 피부, 내장, 근육, 뼈, 혈액, 뇌에 이르기까지 세포는 기름으로 덮여 있다.

또한 뇌는 수분을 제외하면 65%가 기름이며, 시냅스 세포막도 기름이 재료이다.

오메가3는 세포막을 '부드럽게' 만드는 성분이다.

오메가3가 부족하면 온몸의 세포막이 딱딱하게 굳는다.

만약 시냅스를 덮는 막이 딱딱하게 굳으면 과연 어떻게 될까?

뉴런 간의 정보 전달이 원활하게 이루어지지 않아 세로토닌 등 마음의 건강과 관련된 신경전달물질이 뇌에 제대로 전달되지 않는다.

이는 어류 섭취가 줄어든 지난 30년 동안 우울증이나 조울증 환자가 10배 이상 증가한 것과 무관치 않을 것이다.

지금으로부터 20년도 전의 데이터지만 뉴질랜드나 프랑스, 미국 등의 육식 문화의 나라에서는 우울증 발병률이 높고, 일본이나 대만 등 당시에 생선을 주로 먹던 나라는 환자 수가 적었다는 기록이 있다. 이것도 오메가3 섭취가 마음의 건강에 필수라는 것을 말해 준다.

즉, '지금보다 더 많이 오메가3를 먹지 않으면 위험하다!'는 것이다.

생선을 먹을 기회가 적은 사람은 1일 1식이라도 좋으니 생선을 먹도록 하자. 특히 고등어나 정어리 같은 등푸른 생선은 오메가3가 풍부하게 함유되어 있다. 통조림도 괜찮다. 통조림에도 오메가3가 듬뿍 담겨 있다.

어류를 잘 먹지 못하는 사람은 들기름이나 아마인유를 사용하는 방법이 있다. 이 기름들은 가열 조리하면 산화되기 때문에 그대로 샐러드 등에 뿌려 먹자. 추천 음식은 낫토다. 낫토나 누카즈케, 김치 등 발효 식품에 잘 어울린다. 된장국이나 국물에 넣어도 맛있다.

최근에는 슈퍼 등에서도 '목초 먹인 쇠고기Grass Feed Beef'를 볼 수 있다. 곡물을 먹인 일반적인 쇠고기는 오메가3와 오메가6의 함유 비율이 1대 10 정도이며, 오메가3는 거의 섭취할 수 없다.

반면 옛날 목초를 먹이로 한 방목비는 비율이 약 1대 1이기 때문에 효율적으로 오메가 3를 섭취할 수 있다.

최근에는 '풀먹인소'와 같은 목초우 전문 브랜드와 그것을 활용한 레스토랑도 많이 생겼다. 많이 먹어도 살이 잘 찌지 않고 오메가3도 섭취할 수 있어 아주 좋다.

오메가3의 효과는 뇌에만 작용하는 것이 아니다.

전신의 세포막이 부드러워지면 장 기능이 활성화되고 혈액의 흐름이 원활해지며 피부 세포가 유연해지는 등 건강은 물론 미용에도 효과가 있다.

유연한 세포막으로 심신 모두 편안하게 생활해 보자.

그 불안, 어류 섭취 부족 때문일지도

14

간식은 견과류를 먹는다

불안하거나 초조할 때는 '저혈당'이 될 때가 많다. 배가 고프면 기분이 나빠지거나 사소한 일에도 신경이 예민해지는 일은 누구나 겪는 일인데, 그 원인은 혈당치가 낮아졌기 때문이다.

뇌는 포도당을 에너지원으로 삼는다. 전체 에너지 소비의 20%는 뇌 활동에 사용되기 때문에 저혈당이 되면 곧바로 뇌의 활력이 떨어져 사람에 따라서는 그것이 불안의 원인이 되기도 한다.

그렇다고 불안하거나 초조할 때 케이크나 과자와 같은 당질을 먹는 것은 좋지 않다. 설탕이 들어 있는 과자는 혈당을 급격히 올린다. 혈당치가 급격히 올라가면 일시적으로는 만족되지만, 당을 지방으로 바꾸는 인슐린이 분비되어 이번에는 단번에 혈당이 내려간다. 그러면 또다시 저혈당 상태가 되어 불안하고 짜증나는 상황이 이어지는 것이다.

이렇게 혈당치가 반복해서 급격히 변하면 인슐린을 만드는 기능이 저하된다. 이는 당뇨병의 한 요인이다. 안 좋은 일이 있었다고 해서 단것을 먹으며 피하는 것은 좋지 않다. 물론 자신에 대한 보상이나 스트레스 해소를 위해 가끔 먹는 정도는 문제없다. 매일 습관처럼 먹고 있다면 멈추자.

간식을 먹고 싶다면 무엇을 먹어야 할까? '믹스 너트'를 추천한다. 견과류는 과학적으로 증명된 '몸에 좋은 음식'이다. 견과류를 습관적으로 먹으면 30년간 전체 사망률이 20% 감소하고 심장병과 당뇨병의 위험이 떨어진다는 연구가 있다.

또한 '견과류를 주 2회 이상 먹은 사람은 그렇지 않은 사람에 비해 체중이 증가할 확률이 31% 낮다'는 보고도 있다.

견과류는 고대인들이 주식으로 먹던 음식이다. 저당질로 식이섬유가 많기 때문에 흡수가 느리고 혈당이 잘 오르지 않는 것이 특징이다. 서서히 에너지를 공급하기 때문에 속이 든든하고 간식으로는 안성맞춤이라고 할 수 있다.

견과류는 염분량이 적은 '초벌구이 믹스 너트'를 선택한다.

아몬드에는 식이섬유와 철분, 항산화 작용이 있는 비타민 E가 풍부하게 함유되어 있다.

호두나 피스타치오, 캐슈너트나 마카다미아너트에는 앞서 말한 '오메가3 지방산'이 함유되어 있는 것은 물론 불안을 잠재우는 데 효과적인 비타민 B2에 이어 아연, 칼륨, 마그네슘 등 현대인에게 부족해지기 쉬운 미네랄도 풍부하게 함유되어 있다. 아연과 철분 등 미네랄 부족도 우울증과 관련이 있다는 연구가 있다.

단, 견과류는 지연성 알레르기(증상이 나타날 때까지 시간이 걸리는 알레르기)를 일으킬 수 있으니 몸 상태가 좋지 않다고 느꼈다면 삼간다. 또한 수입된 값싼 견과류에는 곰팡이가 있을 수도 있으니 가능하면 고품질의 국산 견과류를 선택하는 것이 무난한다. 인터넷 쇼핑몰에서 구입할 수 있다.

소량으로 만족할 수 있고 속이 든든하며 '식이섬유'나 '오메가3'도 함유된 견과류는 불안을 잠재우는 든든한 '장의 아군'이 되어 줄 것이다.

배고플 때는 견과류를!

스트레스 해소에는 단 게 제일이지!
맛있어!!
몇 시간 후
뭔가 불안해졌어···
혈당치가 격하게 변해서 그래요
오늘부터 나도 믹스 너트!
맛있어!!
Mixed Nuts
의욕이 불끈!
견과류는 장 활동에도 좋아요!

15

비타민 B, C를 함유한 식품을 먹는다

'프롤로그'에서 비타민 B군이 불안을 잠재우는 데 효과적이라고 말했다. 비타민 B군은 뇌의 신경전달물질 합성에 관여하기 때문에 부족하면 세로토닌 등의 분비량이 줄어든다. 그래서 장내 세균의 양을 늘려가는 동시에 비타민 B군을 포함한 식재료를 적극적으로 먹도록 하자.

비타민 B군을 풍부하게 함유한 식재료

- 비타민 B1 : 돼지 안심, 장어, 현미, 견과류
- 비타민 B2 : 돼지 간, 장어, 낫토, 계란
- 비타민 B3(나이아신) : 가다랑어, 돼지 간, 견과류
- 비타민 B6 : 참치(붉은 살), 소 간, 꽁치, 마늘, 바나나
- 비타민 B12 : 소 간, 바지락
- 엽산: 닭 간, 완두콩, 구운 김

특히 '비타민 B6'는 세로토닌, 도파민, 아드레날린, 노르아드레날린, GABA, 아세틸콜린 등의 주요 뇌내 신경전달물질 생성에 관여하고 있다. 또한 비타민 B12와 엽산, 나이아신도 뇌의 신경망을 정상적으로 작동시키는 데 빼놓을 수 없다.

그 다음으로 비타민 C도 중요하다. 뇌의 신경전달물질을 합성하는 데 일부 관여하고 있으며 스트레스를 느낄 때 효과적으로 작용하는 영양소다. 사람들은 스트레스를 느끼면 스트레스 대항 호르몬을 분비하여 극복하려고 하는데 이때 비타민 C

가 사용된다.

또한 아연과 철, 마그네슘 등 필수 미네랄도 불안을 해소하는 데 효과적이다.

비타민이 풍부하게 함유된 음식

- 키위, 유채, 붉은 피망, 브로콜리

아연이 풍부하게 함유된 음식

- 굴, 육류, 어패류, 곡류, 콩류

철이 풍부하게 함유된 음식

- 바지락, 돼지 간, 톳, 시금치

마그네슘이 풍부하게 함유된 음식

- 시금치, 고등어, 견과류, 참깨, 미역

'잠깐! 그 말은 여러 가지 음식을 균형 있게 먹으라는 거야?'라고 생각할지 모른다. 이상은 그렇다.

하지만 바쁜 일상 속에서 균형 잡힌 식사를 지속하는 것은 매우 어렵다.

그런 사람은 반드시 비타민 B군만은 신경 써서 섭취하길 바란다. 비타민 B군은 신경 써서 먹지 않으면 부족해지기 쉽다.

질병관리청의 '국민건강 영양조사'에 따르면 '20대의 비타민과 미네랄 섭취량은 18종류 중 16종류가 부족하다'고 한다. 식사를 통해 영양을 섭취하는 것'이 가장 좋지만 어려울 경우 영양제에 의지하는 것도 괜찮다.

비타민이나 미네랄이 25종류 함유된 '멀티 비타민'이나, 'DHA, EPA' '마그네슘' 등 현재 다양한 상품이 판매되고 있다.

또한 고된 작업 등으로 피로가 누적된 사람은 병원 등에서 비타민 주사를 맞아도 좋다. 비타민의 힘을 놀랄 만큼 느낄 수 있을 것이다. 영양제를 먹는 것보다 2개월에 한 번이라도 클리닉 등에서 비타민 주사를 맞는 것이 효과적이다.

이와 같이 '불안'은 식생활 때문에 일어나는 면도 적지 않다. 이 기회에 식사 내용을 다시금 살펴보는 것은 어떨까?

불안을 잠재우는 최고의 음식?

16

뼈 국물((Bone Broth)로 장내 환경을 극적 개선한다

장내 환경을 위한 요리를 한 가지 소개하겠다.

최근 뉴욕의 유명 인사들 사이에서 큰 인기를 끌고 있는 슈퍼 푸드 '뼈 국물'이 바로 그것이다.

뼈 국물이란 말 그대로 뼈 육수다. 사골과 돼지뼈를 고아 만든 국물이다. 콜라겐, 아미노산, 글루코사민, 히알루론산, 콘드로이틴, 미네랄, 비타민 등 건강과 미용에 필수적인 영양소를 많이 섭취할 수 있는 그야말로 슈퍼 푸드다.

뼈에서 녹은 글루타민은 장벽을 복구하고 보호하는 힘이 있기 때문에 장내 환경을 개선하는 데도 도움이 된다.

또한 뼈 국물은 콜라겐이나 히알루론산 등 미용에 관심이 있는 사람이라면 누구나 알고 있는 미용에 도움이 되는 성분이 대량으로 함유되어 있다. 신체의 신진 대사를 촉진하여 노화 방지 효과도 기대할 수 있다.

뼈 국물에는 불필요한 첨가물이나 조미료가 들어가지 않는다. 재료 본연의 맛이 녹아 있기 때문에 이를 먹으면 마음이 편안해진다. 또한 국물에 함유되어 있는 젤라틴질이 포만감을 증대시켜 과식을 억제하는 효과도 있다.

뼈 국물이 뉴욕에서 폭발적으로 유행한 이유는 '집에서 쉽게 만들 수 있다는 점'에 있다. 게다가 국물을 조미료로 사용하여 데미글라스 소스, 스튜, 카레, 리조또, 조림 요리 등 다양한 요리에 깊은 맛을 낼 수 있다.

냉장고에 넣고 냉동 보관하면 언제든지 국물로 사용할 수 있다.

아래에 간단한 레시피를 소개한다.

뼈 국물 만드는 법(2~3인분)

■ 준비할 재료

사골(또는 돼지뼈) 3개, 경수 1리터, 양파 1개, 셀러리 1개, 마늘 1편, 생강 1편, 식초 1큰술(당근, 파프리카, 사과 등 원하는 재료)

■ 만드는 법

❶ 뼈를 살짝 물에 담가 피 등을 제거한다.

❷ 씻은 뼈를 망치로 두드려 부순다.

❸ 채소 등은 큼직하게 썰어 모두 냄비에 넣고 경수로 끓인다.

❹ 끓으면 약불로 끓이면서 불순물과 기름을 덜어낸다.

❺ 4시간 동안 끓인다.

❻ 재료를 모두 꺼내 채반으로 거른다(걸러낸 채소는 병에 담아 식초에 절이면 그대로 맛있게 먹을 수 있다).

❼ 국물이 식은 후 표면에 떠오른 기름을 제거하면 완성!

사골을 사용할 때는 끓이기 전에 뼈를 오븐(200℃ 정도)에 15분 정도 구우면 국물이 더 고소해진다.

국물에 토마토를 두세 개 넣으면 풍미 가득한 토마토 소스를 만들 수 있고, 생강을 더 많이 넣고 참기름을 마지막에 더하면 맛있는 국물 요리로 변모한다.

사용법은 무한대다.
주말에 만들어 두면 매일 요리하는 수고도 덜 수 있다.

참고로 나는 멧돼지 뼈 국물에 닭고기를 넣어서 먹는다. 멧돼지고기는 칼로리와 지질량이 돼지고기와 거의 비슷하지만 비타민 B는 3배, 철분은 4배 더 함유되어 있다.

콜라겐도 풍부하기 때문에 노화 방지에 매우 좋다. 닭고기의 양질의 단백질을 함께 섭취하면 최강의 건강식이 될 것이다.

직접 요리하는 사람은 꼭 최고의 장내 환경 개선 음식인 '뼈 국물'을 만들어 보길 바란다.

장 상태
최고!

뼈 국물을
먹은 후부터
속이 편해.
주말에
만들어 놓으면
일주일간
먹을 수 있지.
뼈 국물은
만드는 것도
즐겁다!
스트레스 해소가 돼~
쾅
쾅

17

심부 체온을 올리는 목욕을 한다

불안을 안고 있으면 밤에 푹 잘 수 없는 경우가 많다. 잠들기 어렵거나 한밤중에 몇 번씩 깨거나 아침에 일어나도 축 처질 때가 있다.

우울증 환자의 대부분이 '푹 잘 수 없다' '잠들기 어렵다' 등 수면 장애를 안고 있다. 1년 이상 만성적인 불면증을 겪고 있는 사람과 쾌적한 수면을 취하는 사람을 1년간 조사한 결과,

우울증 발병률이 40배 정도 차이가 난다는 조사 결과도 있다.

'수면의 질이 나쁘다'→ '자율신경의 균형이 깨졌다' → '점점 불안해진다'는 악순환에 빠져 우울증이 나타날 수 있다.

자율신경이란 전신의 혈관 모두에 퍼져 있는 신경으로 내장 기능이나 혈액 순환, 호흡, 면역 등 뇌의 지령이 없어도 독자적으로 움직이는 '생명 유지 기능'이다. '피가 흐른다!'고 생각하지 않아도 혈액은 흐르고 '음식을 소화한다!'고 생각하지 않아도 소화가 되는 것은 다 자율신경 덕분이다.

자율신경은 활동할 때 우세해지는 '교감신경'과 편안할 때 우세해지는 '부교감신경'이 균형을 맞춰 정상적으로 기능한다.

장은 자율신경의 영향을 직접 받기 쉬운 장기다. 예를 들어, 불안하거나 초조해하는 등 부정적인 감정을 안고 있으면 자율신경의 균형이 깨지고 그 결과 자율신경의 영향을 받는 장 기능까지 쇠퇴한다. 정신 문제를 안고 있는 사람이 변비나 설사를 자주 겪는 이유는 이 때문이다.

즉, 자율신경의 균형이 맞으면 장내 환경도 양호해지고 그 결과 불안해지기 어려운 체질이 될 수 있다.

서론이 길어졌는데 자율신경의 균형을 잡기 위해 필요한 것은 '질 좋은 수면'이다. '편안하게 잠들 수 있는 방법'을 정리해 보았다.

수면의 질을 높이는 방법

❶ 자기 2시간 전까지 밥을 먹는다.

자기 2시간 이내에 밥을 먹으면 혈당치가 높은 상태로 잠들게 된다. 혈당치가 높은 상태로는 수면 중에 성장 호르몬이 분비되기 어렵다. 성장 호르몬이 분비되지 않으면 세포가 복구되지 않아 피로가 남는다. 수면의 질을 높이려면 저녁 밥을 일찍 먹는 것이 중요하다.

❷ 자기 90분 전까지 목욕을 마친다.

숙면을 취하려면 '부교감신경'의 수준을 높여 몸을 휴식 모드로 만들어야 한다. 반드시 매일 욕조에 들어가자. 이때 잠들기 90분 전까지 목욕을 마친다. 깊게 잠들려면 신체의 심부 체온(深部體溫)이 내려가야 한다. 잠들 때 손발이 따뜻해지는 것을 느낄 때가 있는데 이는 체내의 심부 체온이 내려가 그만큼 손발 혈관에 혈류가 증가하여 열을 방출하고 있기 때문이다. 즉, 목욕을 통해 심부 체온을 미리 올려두면 90분 후에는 심부 체온이 떨어져 쉽게 잠들 수 있다. 목욕 온도는 40℃, 목욕 시간은 15분 정도가 좋다.

❸ 블루 라이트를 보지 않는다.

스마트폰이나 PC, 형광등 등에서 발산되는 빛을 '블루 라이트'라고 한다. 블루 라이트는 푸른 하늘의 파장, 낮에 나오는 빛의 파장이다. 따라서 블루 라이트를 보면 낮에 활성화되는 '교감신경'의 수준이 올라 잠들기 어려워진다. 목욕 후에는 블루 라이트를 보지 말고 따뜻한 색의 조명을 켜는 것이 가장 좋다. 따뜻한 색의 빛을 사용하면 잠을 청하는 뇌의 신경전달물질인 멜라토닌이 분비되어 몸이 휴식 모드로 전환된다.

❹ '4줄 일기'나 '긍정적인 상상'을 한다.

잠들기 전에는 제1장에서 소개한 '4줄 일기'를 쓰거나 '긍정적인 상상'을 하며 하루를 긍정적으로 마무리한다. 편안 한 수면을 통해 뇌의 신경망은 점점 더 긍정적으로 변할 것이다.

이상이 푹 잠들기 위한 요령이다.

자율신경의 균형을 맞추고 안정된 정신을 유지하기 위해 매일매일 습관화하자.

긍정적으로 하루를 마친다

18

아침 산책을 습관화한다

세상에는 불안과 스트레스를 해소하기 위한 방법들이 많지만 가장 쉽고 빠르게 효과를 느낄 수 있는 것은 아침 산책이다.

아침에는 바빠서 산책할 시간이 없다는 사람이 대부분일지 모른다. 하지만 15분~30분 정도 산책하는 것만으로도 놀라울 만큼 마음의 상태가 좋아질 것이다.

왜 아침 산책이 효과적인지 과학적으로 증명된 이유를 정리해 보았다.

효과적으로 아침에 산책하는 방법

기상 후 1시간 이내에 15분~30분 산책한다

아침 산책의 3가지 엄청난 효과

❶ 세로토닌 분비가 활성화된다.

행복 호르몬인 세로토닌은 '아침 햇살', '일정한 리듬의 움직임'으로 활성화된다. 즉, 아침 산책(일정한 리듬으로 걷는 것)은 세로토닌을 늘리는 데 매우 효과적이다. 건강한 사람이면 15분 정도의 산책으로 세로토닌이 활성화되지만 불안해지기 쉬운 사람은 세로토닌 신경이 약해져 있을 가능성이 있기 때문에 30분간 걷는다.

❷ 밤에 멜라토닌 분비가 활성화된다.

인간에게는 서캐디안 리듬Circadian Rhythm이라고 불리는 체내 시계가 있다. 체내 시계는 평균 24시간 10분이라고 알려져 있으며, 정기적으로 시계를 재설정하지 않으면 매일 10분씩 잠자는 시간이 늦어진다. 매일 기상 후 1시간 이내에 태양빛을 받으면 자율신경이 '부교감신경' 우위에서 '교감신경' 우위로 전환되어 체내 시계를 재설정할 수 있다. 체내 시계가 재설정되면 15~16시간 후에 수면 호르몬인 '멜라토닌'이 분비되어 잠이 온다. 예를 들어, 매일 오전 6시에 산책하면 이때 체내 시계가 재설정되어 밤 9시~10시경에 졸음이 오는 것이다. 멜라토닌은 또한 세로토닌으로 만들어지는 물질이다. 즉, 아침에 산책하여 세로토닌을 늘려 두면 밤에 멜라토닌도 많이 분비된다. 이와 같이 아침 산책은 숙면에도 매우 효과적인 수단이다.

❸ 자율신경의 균형이 맞춰진다.

아침 산책을 통해 낮에는 세로토닌 분비로 편안하게 보내고 밤에는 멜라토닌 분비로 수면의 질을 높이면 자연스럽게 생활에 일정한 리듬이 생긴다. 그러면 자율신경의 균형이 맞춰져 혈액 순환이나 내장 기능, 호흡, 면역 등이 정상화되고 마음의 불안도 해소되어 심신 모두 최고의 힘을 발휘할 수 있게 된다.

이처럼 '아침 산책'은 매우 유익하다.

내일부터라도 바로 하면 좋지만 아침에는 힘들어 산책할 수 없다는 사람은 꼭 주말에 하루라도 시작해 보길 바란다.

평일에 어긋나버린 서캐디언 리듬을 일주일에 한 번 되돌리는 것만으로도 마음이 서서히 긍정적으로 바뀔 것이다.

산책 시에는 리듬감 있는 운동이 되도록 음악을 들으면서 걷는 것도 좋다.

일찍 일어나는 것에 익숙해지면 일출 전후로 산책하는 것을 추천한다. 그 이유는 일설에 의하면 일출 시간의 공기는 매우 신선한 공기일 수 있기 때문이다.

일본에 〈암이 저절로 낫는 삶의 방식〉이라는 책이 있다. 그 책에 따르면 아기새들은 해뜨기 42분 전에 울기 시작한다고 한다. 그 이유를 '식물이 태양광을 감지해 광합성을 시작하는 시간이 일출 42분 전'이라고 추측하고 있다.

즉, 일출 전후가 그날 가장 신선한 산소를 마실 수 있는 시간대라는 것이다.

이는 아직 과학적으로 증명된 것은 아니다.

그러나 아침 공기를 마시면 기분이 좋아지는 것에는 이런 이유도 있을지 모른다. 신선한 산소로 폐를 채우면 기분도 훨씬 더 상쾌해질 것이다.

아침은 아침 산책 후 먹는 것이 좋다. 매일 제대로 아침을 먹어 장을 자극하면 어긋났던 '뇌'와 '장'의 서캐디언 리듬이 수정되어 전신의 자율신경의 균형이 맞춰진다.

이번 장에서는 '장'과 '자율신경' 면에서 불안을 잠재우는 방법을 소개했다.

실생활에 적용하기 어렵지 않으니 꼭 실천하기 바란다.

행동을 시작하는 순간, 불안이 조금씩 사라져 갈 것이다.

「일찍 일어나는 것은 언제나 옳다!」

제3장

불안을 순식간에 잠재우는 마법 같은 방법

19

마음을 지켜주는 나비 포옹

지금까지 이야기한 방법은 불안해지지 않는 체질을 만들기 위한, 말하자면 불안에 대한 '근본적인 치료법'이었다.

감기에 걸렸을 때 감기를 낫게 해주는 것은 면역력이자 자연 치유력이다. 감기약은 감기 증상을 완화하는 '대증요법'일 뿐 감기를 완전히 치료하려면 면역력을 높이는 수밖에 없다.

이는 '불안'도 마찬가지이다. 2장까지 소개한 방법을 실천하면 불안에 대한 '면역력'이 올라가 고민을 근본적으로 해결할 수 있다.

하지만 신체의 면역력에 개인차가 있듯이, 마음의 면역력에도 개인차가 있다. 불안해지기 쉬운 사람은 만일의 경우를 대비해 '대증요법(對症療法)'을 기억해 두도록 하자.

그래서 지금부터는 '지금, 당장 매우 불안할 때' 불안을 잠재우기 위해 사용할 수 있는 '대증요법'을 소개하려 한다.

- 곧 반드시 성공해야 하는 프레젠테이션이 있다.
- 상사들 앞에서 발표해야 하는 회의가 두렵다.
- 기분 나쁜 소리만 하는 아이 친구의 엄마와 오랜 시간 지내는 것이 우울하다.
- 이제 곧 처음 만나게 될 사람이 어떤 사람일지 불안하다.
- SNS에서 욕을 들어서 마음이 부서질 것 같다.
- 인사를 했는데 동료가 인사를 받지 않았다.
- 시험 시간이 다가와서 두근거리고 괴롭다.

이런 상황일 때 아무리 불안에 대한 면역력을 높이고 있다고 해도 인간이기에 불안해질 수 있다.

그럴 땐 '나비 포옹'을 해보자.

나비 포옹 방법

❶ 눈을 감고 없애고 싶은 불안이나 걱정을 머리에 그린다.

❷ 오른손을 왼쪽 어깨에, 왼손을 오른쪽 어깨에 놓는다.

❸ 좌우 어깨를 번갈아가며 1초 정도 톡톡 두드린다. 이것을 2분간 지속한다.

팔을 가슴 앞에서 크로스하는데 그것이 나비처럼 보여서 나비 포옹이다.

나비 포옹은 미국의 심리학회나 WHO세계보건기구가 트라우마 치료에 효과가 있다고 인정한 방법이다. 멕시코의 루시나 아티가스Lucina Artigas 박사가 고안한 것으로 1998년에 일어난 멕시코 대지진의 이재민이 실행해 트라우마가 사라졌다고 한다.

일상생활에서 갑자기 불안이 엄습해 왔을 때 응급 처치(즉대증요법)로 이용할 수 있다는 점에서 미국이나 유럽에서도 활용되고 있다.

실제로 해보면 알겠지만 팔로 가슴을 감싸면 누군가에게 안겨 있는 것 같은 안정감이 든다. 이어서 일정한 리듬으로 어깨를 툭툭 치면 누군가에게 '괜찮아, 안심해'라는 말을 듣고 있는 듯한 기분이 든다.

불안해서 마음이 조여올 때는 단 2분이면 되니 나비 포옹을 해보자. '무서울 것 없다'는 안심감이 들어 그 후 편하게 시간을 보낼 수 있다.

긴장될 때 마음의 부적

면접이
너무 무서워서
도망치고 싶어.
그럴 때일수록
나비 포옹
괜찮아!
누군가가
지켜주고 있어!
다독다독
면접자 님,
안으로
들어오세요
네!

20

점점 더 자신감이 차오르는 '자기 확대법'

상대방이 어떻게 생각할지 걱정되어 사실은 싫은데도 말하지 못한다. 회의에서 발언하라고 했지만 자신이 없어 의견을 말할 수 없다. 친구가 하지 말았으면 하는 것이 있지만 눈치를 보며 속마음을 숨기고 있다.

'그때 왜 나는 내 마음을 말하지 못했을까' 하고 나중에 자책하는 경우는 없는가?

이렇듯 타인에게 신경을 쓰는 친절한 여러분이 조금이라도 자신답게 살 수 있도록 실행했으면 하는 것이 '자기 확대법'이다.

'자기 확대법'을 실행하면 자신감이 넘치고 불안으로 위축될 때가 줄어들 것이다. 중요한 시험이나 발표 전에 하는 것도 효과적이다.

자기 확대법을 하는 방법

❶ 긴장이나 불안해질 것 같은 때 일어서서 천천히 호흡한다.

❷ 눈을 감는다. 몸이 울트라맨처럼 거대해져 가는 모습을 떠올린다.

(실내에 있는 경우 천장을 뚫고 나가 점점 크게 만든다. 거기에 맞춰 보이는 경치가 점점 작아진다.)

❸ 고층빌딩 크기까지 크게 만든다.

(그러면, 발 밑에 보이는 사람들(불안의 원인인 사람들)이 깨알같이 작아져 있다. 그 사람들이 말을 하지만 자신이 커져 있어 아무 소리도 안 들린다. 만능이라는 느낌이 든다.)

❹ 그 느낌을 충분히 음미하면서 천천히 눈을 뜬다.

신기하게도 이것만으로도 '좋아! 해보자'라며 마음이 긍정적으로 바뀐다. 불안하면 자신도 모르게 마음이 위축되기 쉽다. 마음을 넓은 하늘에 풀어놓는다 생각하고 마음껏 키워보자.

마지막으로 "점프!"를 외치며 마음껏 점프해보는 것도 좋다.

위축된 마음을 푼다!

오늘은 대하기 어려운
아이 친구 엄마들과의 식사
그런데
진짜?
그거 재밌다
하지만 내 마음은 자유!
내가 커져버리면
대하기
어려운 사람도
두렵지 않아!

21

불안을 떨쳐버릴 '마법의 단어, 어차피'

우리는 옛부터 '말에 내재된 영력'이라는 개념을 믿어왔다. 말에는 이상한 힘이 있어 생각을 담아 말을 하면 결과가 그대로 이루어진다는 생각이다.

이것은 과학적으로도 옳다. 긍정적인 단어를 사용하면 뇌의 신경망은 긍정적인 회로가 되고 부정적인 말을 사용하면 부정적인 회로가 되기 때문이다.

즉, 지금까지 별다른 의식 없이 일상적으로 사용하던 말에 의해서 시냅스 상태가 정해지고 마음이나 성격이 만들어져가는 것이다. 그래서 일상생활에서 사용하는 말을 긍정적인 언어로 바꾸기만 해도 긍정적인 성격으로 바뀔 수 있다.

특히 자기 부정적인 말은 가장 좋지 않다. '어차피 잘 되지 않는다' '어차피 나는 안 된다' '어차피 누구에게도 사랑받지 못한다' '어차피 실패한다'……. 자존감이 낮고 불안해지기 쉬운 사람은 늘 자동적으로 자신을 부정하는 말을 떠올리기 쉽다. '어차피'라는 말은 뒤따르는 말이 결정적이라는 인식을 뇌에 심는다. 뇌에 영향을 주기 쉬운 아주 강력한 말이다.

따라서 그 특성을 반대로 이용해 '긍정적인 말'의 강도를 높일 수 있다. 무심코 자기 부정적인 말을 하거나 마음에 떠오를 것 같으면 다음과 같이 바꿔 말해 보자.

'어차피 잘 될 거야.' '어차피 난 대단해.'

'어차피 사랑받는다.' '어차피 성공한다.'

이런 문구를 읽다 보면 정말 잘 될 것 같고, 정말 대단하고, 정말로 사랑받으며, 정말로 성공할 것 같은 느낌이 들지 않는가? 이것이야말로 '어차피'의 힘이다.

'어차피'라는 말 뒤에 긍정적인 말이 따라오면 사고까지 긍정적으로 바뀐다. 뇌의 긍정적인 회로가 강제로 사용되기 때문이다.

내가 여러분께 다음의 말을 선물하겠다.

"어차피 당신은 행복해질 거예요."

완벽한 긍정적인 사고

수진 씨, 저녁 때까지 이거 좀 부탁해.
훗 어차피 잘 될 거야.
여기요.
벌써?
멋진데!
훗, 어차피 난 사랑받을 거야.
수진 씨, 사랑합니다!
거 봐!

인지적 탈융합

심리학의 세계에서는 부정적인 사고를 한순간에 지워버리는 방법이 많이 소개되어 있다.

'인지적 탈융합'은 네바다 대학교 심리학부의 스티븐 헤이즈Steven C. Hayes 교수가 창안한 것으로 최근 심리요법으로 널리 사용되고 있다.

여기서 융합이란 자신의 '사고'와 '현실'을 혼동해버리는 것을 의미한다.

즉, 인지적 탈융합이란 '부정적 사고는 현실이 아니다'라고 뇌에 심어주는 데 도움이 되는 기술이다.

인지적 탈융합 실행 방법

❶ '~라고 생각했다' 법

'나는 쓸모없는 인간이다' 같은 부정적인 감정이 솟아오르면 '쓸모없는 인간이다, 쓸모없는 인간이다, 쓸모없는 인간이다'라고 여러 번 반복한 후 마지막에 '...라고 생각했다'를 덧붙인다. 그러면 부정적인 사고와 거리를 두고 부정적인 감정에 휘말리지 않게 된다.

❷ '쓸모없는 철수' 법

'나는 쓸모없는 인간이다'라는 생각이 들면 가공의 캐릭터인 '쓸모없는 철수'를 소환하여 쓸모없는 철수가 '나는 쓸모없는 인간이다'라고 말하는 이미지를 떠올린다.

말의 이미지에 타인의 딱지를 붙여 부정적인 사고가 자신과 무관하다고 느낄 수 있다.

❸ 노래 부르는 법

'나는 쓸모없는 인간이다'라는 생각이 들면 "나는~ 쓸모없는~ 인간이다♪"라고 흥겨운 리듬에 맞춰 노래한다.

부정적인 이미지를 장난스러운 노래로 만들어 부르면 말이 갖는 의미가 모호해져 금세 부정적인 생각에서 벗어날 수 있다.

❹ 아나운서 방송법

'나는 쓸모없는 인간이다'라는 생각이 들면 그 사실 관계를 아나운서처럼 방송해본다.

예를 들어

"속보를 전한다. 조금 전 저는 고객에게 전달할 서류를 제대로 준비하지 못해 상사에게 호된 말을 들었습니다.

동료나 부하도 저 사람, 또 일 저질렀네 하며 차가운 시선을 보냈다는 정보가 들어왔습니다. 이에 저는 '나는 쓸모없는 인간이다'라고 생각하고 있습니다. 이상 속보였습니다."

이렇게 거리를 두면 고민했던 자신을 냉정하게 바라볼 수 있고 부정적 사고에 휘말리지 않게 된다.

인지적 탈융합의 포인트는 '내 일'을 '남 일'처럼 거리를 두는 것이다. 꼭 시험해 보길 바란다.

우울해지면
장난을 쳐라

23

짜증을 가라앉히는 소수 세기

하고 싶은 말을 하지 못하거나 다른 사람의 언동에 휘둘리면 스트레스가 쌓여서 감정이 폭발할 때가 있다.

불안해지기 쉬운 사람일수록 평소에 자신의 마음에 뚜껑을 덮고 있기 때문에 우연한 계기로 그 뚜껑이 '열리는' 사태가 올 수 있다.

그러나 일시적인 감정에 화를 내버리면 반드시 후회하고

자기혐오의 악순환에 빠진다. 그렇기 때문에 짜증과 분노가 폭발할 것 같을 때는 진정하는 방법을 알아두면 좋다.

미국에서 탄생한 '분노 조절 관리Anger Management'는 돌발적인 분노를 진정시키는 뇌과학에 근거한 방법이다.

여기서는 분노 조절 관리를 바탕으로 내가 만든 '소수 세기' 방법을 소개하겠다.

이는 만화 〈죠죠의 기묘한 모험ジョジョの奇妙な冒険〉의 등장인물인 푸치 신부가 했던 방법이다. 푸치 신부는 동요될 때면 소수 세기로 마음을 가라앉혔다.

나는 이 만화를 읽었을 때 과학적으로 매우 이치에 맞는 방법이라며 감탄했다. 실천 방법을 소개해 보겠다.

소수 세기 방법

❶ 짜증나는 순간 소수(2, 3, 5, 7, 11, 13, 17, 19, 23, 29…)를 센다.

❷ 10초간 다음 소수를 떠올릴 수 없을 때까지 계속한다.

방법은 이게 전부다.

소수란 약수가 '1'과 자기 자신뿐인 정수다. 즉, 나눴을 때 자기 자신으로밖에 나눌 수 없는 숫자다.

원래 분노 조절 관리에는 '10초간 숫자 세기'라는 방법이 있다. 이는 10초간 '1, 2, 3……10'처럼 수를 세는 것으로, 이것만으로도 분노를 조절할 수 있다.

그 이유는 짜증이 날 때 급격하게 분비되는 아드레날린이 온몸에 퍼져 일단락되는 데 걸리는 시간이 약 6초로, 그 6초를 견디면 분노의 감정이 가라앉기 때문이다. 짜증날 때 숫자를 세면 속도가 빨라지기 때문에 10초간 숫자를 세면 효과적이다.

이 '10초간 숫자 세기'를 바탕으로 만들어낸 방법이 '소수 세기'다.

먼저 10초간 소수를 세면 '10초간 숫자 세기'와 같은 효과를 얻을 수 있다.

그리고 순간적으로 소수를 세면 뇌는 그 일에 집중한다. 뇌는 동시에 두 가지 일에 집중할 수 없다. 즉, 소수를 세다 보면 어느샌가 분노의 감정이 누그러진다.

소수 세기는 분노뿐만이 아니라 마음에 상처를 받아 울음이 터질 것 같은 때에도 사용할 수 있다.

'안 되겠다'는 감정에서 벗어날 수 없으면 무심히 소수를 세자. 그러면 어느새 마음이 편해질 것이다.

화가 날 것 같을 때는 소수!

불끈
신입사원도 아니고 그런 것도 몰라?
아, 열 받아
안 돼!
이럴 때는 소수를 세는 거야.
11
7
17
5
19
3
23
2
29
듣고 있어?
죄송했습니다. 앞으로 조심하겠습니다.
아직 얘기 안 끝났는데…
이것이 어른스러운 행동이지.

24

다섯 손가락으로 뇌 속 스트레스 재설정

터프츠 대학교의 심리학자 수전 로버츠Susan Robert 교수는 즉효성이 높은 불안 해소 방법을 만들었다.

'이마 두드리기Forehead Tapping'라고 불리는 이 방법은 반복되는 부정적인 사고를 끊는 데 효과적이다.

이마 두드리기 방법

❶ 다섯 손가락을 펴서 이마에 얹는다.

❷ 다섯 손가락으로 이마를 톡톡 두드린다(1초에 한 번씩 편안해질 때까지 두드린다).

불안이나 초조함이 반복될 때 이마를 두드리면 평소보다 감정이 빨리 전환된다.

그 과학적 근거는 인간의 뇌가 멀티 태스킹에 적합하지 않기 때문이다.

예를 들어, '아이가 말을 듣지 않는다!'며 스트레스를 느꼈을 때 뇌의 작업 기억(일시적으로 정보를 기억하는 기능)은 '왜 말을 듣지 않니?' '더 엄하게 훈육할까?' '육아는 맞지 않아'라며 매우 바쁘게 움직인다.

이때 '이마 두드리기'와 같은 간단한 일을 하면 뇌는 손가락의 움직임이나 이마의 감각에 초점을 맞춘다. 작업 기억은 새로 들어온 정보를 우선적으로 처리하는 경향이 있어 아이에 대한 고민이 사라져 일시적으로 불안감을 멀리 할 수 있다.

이마 두드리기는 원래 스트레스로 인한 과식을 억제하기 위해 생긴 방법이다.

뉴욕 병원에서 비만인 남녀 55명을 대상으로 이루어진 실험에서 '먹고 싶다'는 반복적인 생각을 끊어 식욕 억제 효과를 증명했다. 다이어트 때문에 짜증이 날 때도 이 방법은 도움이 될 것이다.

화가 날 때는 이것!

철수야, 장난감 좀 치워!
네
붕붕
아. 스트레스 받아…
철수야, 빨리 치워!
뇌내 재설정
완전 집중, 물의 호흡!
뇌내 재설정
툭
툭
엄마 뭐 해요?
자, 정리하자!
네
폭발할 것 같으면 뇌내 재설정!!

25

스탠퍼드식 멘탈 클리어 버튼

인간은 불안을 느낄 때 뇌 깊숙이 있는 '대뇌변연계大腦邊緣系, limbic system'라고 불리는 부분이 활성화된다.

살아가기 위해 필요한 본능적인 행동을 관장하는 부위로 즉, 불안도 생존을 위해 프로그램된 감정임을 알 수 있다.

한편 인간의 이성적인 행동이나 고도의 인지를 담당하는

부위는 대뇌 신피질이라고 불린다.

앞서 설명한 바와 같이 뇌의 작업 기억은 새로운 정보를 우선적으로 처리하는 경향이 있기 때문에 대뇌 신피질을 풀가동시키면 대뇌변연계에서 불안을 몰아낼 수 있는 가능성이 있다.

스탠포드 대학교 심리학과 돈 조셉 고이Don Joseph Goewey는 대뇌변연계에서 불안을 없애기 위한 즉효 기술인 '멘탈 클리어 버튼'을 만들었다. 급성 불안에 휩싸였을 때 효과를 발휘하는 것으로 알려져 있다.

멘탈 클리어 버튼 방법

❶ 손바닥을 몸 앞으로 내민다. '누름 버튼'을 떠올린다.

❷ 버튼이 뇌와 회선으로 연결되어 있는 이미지를 떠올린다.

❸ 천천히 호흡한다. 호흡을 의식하며 버튼을 누른다(누르는 이미지도 가능).

❹ 마음속에서 '1'을 센 후 단추가 붉게 빛나는 이미지를 떠올린다.

⑤ 마음속에서 '2'를 센 후 단추가 파랗게(노랗게) 빛나는 이미지를 떠올린다.

⑥ 마음속으로 '3'을 센 후 단추가 녹색(초록)으로 빛나는 이미지를 떠올린다.

⑦ 뇌에 신호가 흐르고 몸이 편안해지는 것을 느낀다.

단추 색은 여러분의 정신 상태를 보여준다.

처음 버튼을 누르면 불안하기 때문에 붉게 빛나며 '파랑' '초록'으로 변해감에 따라 불안이라는 감정이 멀어져가는 이미지다('파랑' '초록'의 차이를 알기 어렵기 때문에 나는 '빨강'→'노랑'→'초록'을 사용한다).

실제로 해보면 알겠지만 이 방법을 사용하면 뇌가 꽤 바빠진다. '의식해서 호흡한다' '수를 센다' '버튼 색이 변해간다'를 동시에 처리해야 하기 때문에 의식이 단번에 '멘탈 클리어 버튼'으로 집중된다.

그러자 신기하게도 그때까지 갇혀 있던 불안으로부터 일시적으로 해방되는 것을 느낄 수 있다.

대뇌 신피질을 전부 가동해 대뇌변연계에서 불안이라는 정보를 쫓아낼 수 있기 때문이다.

부정적인 생각에서 벗어나려면 그것을 지우는 것이 아니라 다른 무언가에 집중하는 것이 효과적이다. 따라서 '멘탈 클리어 버튼'이 도움이 된다.

뇌에서 불안을 없앤다

멘탈 클리어 버튼을 사용하는 방법
버튼과 뇌가 연결되어 있다는 이미지를 떠올린다.
'1'을 세면 빨갛게 빛난다.
빨강
1
'2'를 세면 노랗게 빛난다.
노랑
2
'3'을 세면 초록으로 빛난다.
초록
3
이걸로 불안과 안녕~

제 4 장

불안을 잠재우는 생활습관

26

간단히 습관화! 틈틈이 운동한다

미시마 유키오三島由紀夫는 〈소설가의 휴가〉에서 다자이 오사무太宰治를 접한 후 다음과 같이 썼다.

"다자이의 성격 결함은 적어도 절반은 냉수 마찰이나 기계 체조나 규칙적인 생활로 치유될 수 있었다."

미시마 유키오는 다자이 오사무가 안고 있던 '불안'이나 '우울'은 햇빛을 쬐고 운동하면 해소되는 것이라고 말한 것이다. 실제로 미시마는 그것을 증명하기라도 하듯 강도 높은 근력 운동을 했다.

누구보다 섬세한 감성을 지닌 소설가가 운동만 했다면 자살하지 않았을지도 모른다고는 할 수 없다. 하지만 운동으로 불안과 우울이 해소된다는 것은 과학적으로 증명되고 있는 사실이기도 하다.

예를 들어, 일리노이 대학교가 실시한 대규모 조사에서는 과거 15년간 발표된 '운동과 정신'에 관한 정확성이 높은 연구 데이터만을 검증해 '일상적인 운동으로 정신 상태에 변화가 일어났는지'를 철저하게 확인했다.

그리고 '하루 20분 빨리 걷기만 해도 불안이 큰 폭으로 줄어든다'는 것을 밝혀냈다.

또한 HUNT라는 세계 최대급 건강 데이타베이스를 사용한 관찰 연구에서는 3만 3908명의 남녀를 11년에 걸쳐 추적 조사해 '가벼운 운동을 일주일에 1시간만 해도 정신 상태가 악화되는 위험이 12% 내려간다'는 결과를 얻었다.

다른 연구에서는 '주 3회 운동을 6주간 지속하면 불안을 잠재우는 뇌 영역의 시냅스가 증가한다'는 것도 밝혀냈다.

심지어 하버드 대학교의 심리학자 탈 벤 샤하르Tal Ben-Shahar 박사는 '운동하지 않는 것은 우울해지는 약을 먹는 것'과 같다고 단언했다.

이처럼 일찍이 미시마 유키오가 말한 것은 과학적으로 봐도 타당한 얘기였다.

운동이 정신 상태 개선에 도움이 되는 이유는 뇌의 신경전달물질 때문이다. 세로토닌이나 엔도르핀, BDNF뇌유래신경영양인자, Brain-derived neurotrophic facto 등 행복감을 주는 물질이 분비되기 때문에 운동을 통해 불안을 멀리 할 수 있다.

또한 운동을 하면 근육에서 다양한 마이오카인myokine이라는 호르몬이 분비된다. 마이오카인은 도파민 분비를 보호하거나 우울증을 예방하거나 스트레스로 인한 신경독이 뇌에 도달하기 전에 차단하는 등 정신 상태 개선에 큰 힘을 발휘한다.

운동은 빨리 걷기로도 좋다. 무리해서 조깅하거나 힘든 운동을 할 필요는 없다. 중요한 것은 '운동의 습관화'다.

제2장에서 소개한 '아침 산책' 때 빨리 걸어 운동 습관을 기르는 것이 최선이다.

영국의 버스 대학교와 버밍엄 대학교의 공동 논문에 따르면 운동으로 가장 지방이 타기 쉬운 시간대는 이른 아침이라고 한다. 아침을 먹기 전에 운동한 그룹과 아침을 먹은 후 운동한 그룹을 비교했더니 전자가 2배나 많이 체지방을 태웠다.

그 이유는 밤새 아무것도 먹지 않아 몸에 당이 고갈되어 있어 그만큼 지방이 효율적으로 연소돼 에너지로 변하기 때문이다.

아침을 먹어 당이 보급되면 지방이 연소되기 어려워진다. 다이어트에도 아침 산책은 효과적이다.

아침에 산책하기 어려운 사람은 일상 속에서 의식적으로 몸을 움직이자.

일상 생활을 운동으로 바꾸는 요령

❶ 빠른 걸음으로 출퇴근한다, 쇼핑한다

집을 나와 밖을 걸을 때는 느긋하게 걷지 말고 운동이라고 생각하고 빨리 걷는 버릇을 들이자. 전철로 출퇴근한다면 한 역 앞에서 내리고 쇼핑한다면 한 곳 더 멀리 있는 동네 슈퍼까지 가는 등 걷는 거리를 늘리자. 그것만으로도 훌륭한 운동 습관이 된다.

❷ 빠른 걸음으로 계단을 오른다

출퇴근하거나 쇼핑할 때 에스컬레이터가 아니라 계단을 사용하는 버릇을 들이자. 빠른 걸음으로 계단을 오르내리는 것만으로도 운동량이 상당해진다.

❸ 이동할 때마다 10회 스쿼트

일을 마치고 다른 곳으로 이동할 때는 스쿼트를 10회 실시한다.

④ 집안일을 운동이라고 생각한다

세탁이나 청소, 방 정리를 제대로 하면 그것만으로도 상당한 운동량이 된다. 집안일을 운동이라고 생각하면 의무감도 줄어들고 즐거워진다.

이처럼 일상 생활을 '운동'이라고 생각하면 바쁜 하루에도 운동을 지속할 수 있다. 캐나다 맥마스터 대학교의 연구에서도 하루 20분 운동은 집안일로 몸을 움직이는 것만으로도 충분하다고 한다.

운동은 마음의 건강뿐만 아니라 신체의 건강에도 크게 관여하고 있다. 하루 30분 운동하면 사망률이 약 30% 낮아지는 것으로 알려져 있다.

심신의 건강을 위해 오늘부터 운동을 시작하자. 지금 있는 곳에서 이동할 때는 꼭 스쿼트를 하자.

일상 생활을 운동으로 바꾸자!

근력 운동을 한다

지금까지는 걷기와 조깅 등 유산소 운동이 불안을 잠재우는 데 효과적이라고 알려져 왔다.

그러나 요즘에는 근력 운동도 정신 상태 개선에 효과를 발휘하는 것으로 밝혀지고 있다.

2017년 '근력 운동과 불안 및 스트레스'의 관계를 조사한

16개의 연구 데이터를 종합해서 해석한 메타 분석이 보고되었다.

그에 따르면 근력 운동은 정상인의 불안을 큰 폭으로 개선하는 것과 동시에 불안 장애 등의 환자에게도 효과가 있을지 모른다는 가능성이 제시되었다.

일상의 모든 것을 과도하게 걱정하는 전반성 불안장애를 겪고 있는 사람이 근력 운동으로 완화될 확률은 60%로, 유산소 운동보다 높은 효과를 나타냈다.

또한 근력 운동은 우울증 개선 효과도 있다고 한다. 주 3~5회, 1회 45분 이상의 근력 운동으로 정신 상태가 20.1% 개선되었다는 것이 인정되었다.

그 이유는 근력 운동으로 남성 호르몬인 '테스토스테론'이나 뇌의 신경망을 늘리는 성장 호르몬인 'BDNF'가 활성화되기 때문이라고 추정되고 있다.

덧붙여 성장 호르몬의 경우 링거를 통해서도 공급할 수 있다. 내가 근무하는 병원에서는 성장 호르몬이 많이 함유된 전신 세포를 활성화하는 '베이비 사이토카인 링거'를 제공하고 있다.

또한 근력 운동을 하면 세포 내 미토콘드리아가 활성화되어 기초대사가 올라가 지방이 연소되기 쉬워지며 혈액 순환이 좋아져 냉증과 부종이 사라지고 체간이 안정되어 아름다운 자세를 유지할 수 있는 등 장점이 많다.

추천 근력 운동은 'HIIT(고강도 인터벌 트레이닝, High-Intensity Interval Training)'이다.

이는 강력한 근력 운동 4가지를 '20초간 실행한 후 10초 쉬는' 주기로 2주간 반복하는 근력 운동법이다.

종목으로는 스쿼트나 마운틴 클라이머, 팔굽혀펴기, 버피, 허벅지 들어올리기, 복근, 백런지, 점핑잭 등이 있다.

자세한 방법은 YouTube에 동영상이 많으니 참조하길 바란다.

강력한 근력 운동을 일정 시간 실행하면 근육 속의 당이 소비되어 장시간에 걸쳐 지방이 연소되기 쉬운 몸을 만들 수 있다.

단 아무것도 하지 않았던 사람이 걷기도 하고 근력 운동도 하면 부담될 것니다.

먼저 걷는 습관을 들이도록 하자.

걷는 것이 습관화되어 여유가 생긴 사람은 근력 운동을 도전해 보자.

HIIT는
4분 만에 끝!

HIIT
메뉴 예
스쿼트
(앉았다가
일어난다.)
백런지
(허벅지를
들어올려
아킬레스
건을
늘린다.)
점핑잭
(두 손을
머리 위로
모으면서
빠르게
다리를
벌린다.)
4가지를 각각 20초간 전력으로
실행하고 2주간 반복하세요
운동 사이사이에 10초간 휴식하세요
허벅지
들어올리며 대시
(그 자리에서
전력으로 실시한다.)

풍선 호흡을 한다

호흡도 자율신경의 지배하에 있다. 의식적으로 '호흡하자'고 생각하지 않아도 자면서도 호흡할 수 있는 이유는 그 때문이다.

호흡할 때 폐 자체는 수축되지 않는다. 폐를 둘러싼 근육을 움직여 횡격막(폐와 위 사이에 있는 근육의 막)을 위아래로 움직여 호흡한다. 이 움직임을 무의식적으로 할 수 있도록 횡격막 주위에는 자율신경이 모여 있다.

그러나 한편 호흡은 의식적으로 그 질을 바꿀 수 있다. 천천히 깊게 호흡하면 횡격막의 위아래 움직임이 커지고 자율신경이 자극되어 부교감신경의 수준이 높아진다. 부교감신경이 높아지면 심신이 편안해진다.

즉, 천천히 깊이 호흡하면 자율신경의 균형이 잡혀 불안을 해소할 수 있다. 주변에 불안할 때 깊게 호흡하는 사람을 많이 볼 텐데 의학적으로도 이치에 맞는 방법이다.

따라서 여기서는 불안을 잠재우는 데 더욱 도움이 되는 호흡법을 소개한다. 이름도 풍선 호흡Balloon Breathing이다.

풍선 호흡은 스탠퍼드 대학교의 스트레스 해소 프로그램에서도 사용되는 기술이다.

풍선 호흡 방법

❶ 테니스공 정도 크기의 풍선이 자신의 단전(배꼽 아래)에 들어가 있는 이미지를 떠올린다.

❷ 코로 4초간 숨을 들이마신다.

(숨을 들이마실 때 그에 따라 풍선도 부풀어올라 안쪽에서 단전을 누르는 듯한 이미지를 떠올린다.)

❸ 입에서 8초간 숨을 내쉰다.

(숨을 내쉴 때 풍선의 바람이 빠지는 이미지를 떠올린다. 배가 꺼질 때까지 최대한 숨을 내쉰다.)

❹ 하루에 5분간 실시한다.

풍선 호흡을 통해 횡격막의 움직임이 자연스럽게 커지기 때문에 부교감신경의 수준이 쭉쭉 올라간다. 복식 호흡을 잘 못하는 사람도 풍선을 떠올리면 실행하기 쉬워지는 호흡법이다.

배꼽 아래에 해당하는 단전은 승려가 참선을 할 때 신경을 쓰는 부위다. 해부학적으로 '장 부위'에 해당한다.

풍선 호흡은 배가 수축해 장을 마사지하는 효과가 있기 때문에 장내 환경 개선에도 도움이 된다.

매일 풍선 호흡을 습관화하면 평소의 호흡도 서서히 깊은 호흡으로 바뀔 것이다. 하루에 약 2만 회 호흡하기 때문에, 호흡은 심신 상태와 관련이 크다고 할 수 있다.

뜬금없겠지만 큰 인기를 끌었던 〈귀멸의 칼날鬼滅の刃〉을 보았는가? 〈귀멸의 칼날〉에서 주인공 탄지로는 '전집중 호흡'이라는 호흡법으로 높은 집중력과 신체 능력을 얻을 수 있었다.

'전집중 호흡'만큼 즉효성은 없지만 의학적으로도 호흡의 질이 심신 상태를 좌우한다는 것은 사실임이 틀림없다.

예를 들어 호흡이 깊어지면 혈액 순환이 좋아져 혈관 질환이나 생활 습관성 질병의 예방으로 이어진다.

혈액 순환이 좋아지면 거친 피부나 냉증, 어깨 결림 등이 개선되며 면역력이 향상되어 바이러스에 지지 않는 강한 몸을 만들 수 있다.

풍선 호흡으로 산소를 충분히 흡수해 〈귀멸의 칼날〉의 등장인물들처럼 불안이나 공포에 지지 않는 강한 심신을 만들어 가자!

풍선 호흡 방법

불안하면 호흡이 가빠져요
풍선 호흡을 해보세요
뱃속의 풍선이
부풀어가는 이미지를 떠올리세요
코로 4초간 숨을 들이마신다.
뱃속의 풍선이 작아지는 이미지를 떠올리세요
입으로 8초간 숨을 내뱉는다.
사원해졌어요
자율신경의 균형이 맞춰졌다는 증거예요

자연과 만난다

이전에 니가타新潟의 병원에서 건망증 외래를 담당했던 적이 있다. 가벼운 건망증부터 중증 치매 환자까지 다양한 환자를 진찰했다. 그때 깨달은 것이 흙 만지기 등 자연과 만나는 시간을 가지면 증상이 완화되는 환자가 적지 않다는 사실이다.

여러분도 녹색으로 둘러싸인 공원을 가거나 등산, 하이킹 등 자연 속에서 시간을 보낸 후 마음이 평안해진 경험이 있을 것이다.

결론부터 말하면 '인간이 자연과 만나면 정신적으로 안정된다'.

'녹색 갈증綠色渴症, Biophilia'라는 말을 아는가?

이는 1980년대에 하버드 대학교의 에드워드 위슨Edward Osborne Wilson이 제창한 개념으로 '인간의 뇌는 대자연과의 만남을 요구한다'는 설이다.

녹색 갈증을 증명하는 연구 데이터는 많다.

예를 들면 영국의 더비 대학교는 자연과 정신 건강에 관한 조사 중에서 871명의 데이터를 해석해 '자연과 만나면 부교감신경이 활성화되어 스트레스가 줄어든다'고 발표했다. 자율신경에 미치는 효과는 운동이나 호흡법을 상회한다고 한다.

또한 영국의 에식스 대학교는 1252명을 대상으로 자연에서 하는 운동이 정신 건강에 어떤 영향을 미치는지 조사했다.

그리고 '자연 속에서 운동하면 하루 5분만으로도 스트레스를 낮출 수 있다'고 한다. 운동이 힘든 것이 아니라 걷기만으로도 충분히 효과를 볼 수 있다.

운동이 어려운 사람도(걷기는 꼭 실천하길 바란다), 원예나 정원 등 흙을 만지는 것만으로도 충분하다.

그중에서도 '진흙 놀이'는 스트레스 해소 효과가 높다고 알려져 있다. 우울 증세를 보이는 젊은이가 자연 속에서 진흙 놀이를 했는데 몇 분 만에 스트레스나 우울 증세가 줄었다는 연구도 있다.

진흙 놀이가 정신 건강에 효과가 있다는 것은 과학적으로 해명된 것은 아니지만 인간은 자연과 만나면 안정감을 얻도록 본능에 프로그램되어 있는 것이 아닐까 추측하고 있다.

인간이 콘크리트나 전자 기기에 둘러싸여 생활하게 된 것은 매우 최근의 일이다. 그때까지 인간은 수백만 년에 걸쳐 대자연에서 살아왔다. 따라서 인간의 뇌는 동물과 식물에 둘러싸인 환경에 적응하도록 진화해 왔을 것이다.

그러나 현대 사회의 사람은 자연으로부터 멀어진, 뇌에게 있어 '부자연스러운 생활'로 인해 만성적으로 스트레스를 받고 있을 것이라 추측할 수 있다.

막스 플랑크 협회Max-Planck-Gesellschaft의 연구에 의하면 '주변에 반경 1킬로가 숲으로 둘러싸인 지역에 살고 있는 사람일수록 뇌 편도체의 기능이 안정되는 경향이 있다'고 한다.

편도체는 불안 등 부정적인 감정을 제어하는 부위로 편도체가 과도하게 작용하는 사람일수록 부정적인 감정에 사로잡히기 쉽다.

또한 다른 연구에 의하면 도시의 통합 실조증이나 불안 장애 발병률은 도시화가 진행되지 않은 지역보다 56%나 많다는 데이터도 있다.

이러한 배경 속에서 회사 공간에 식물을 늘려가는 움직임이 세계적으로 이루어지고 있다. 그중에서도 구글은 '세계에서 가장 행복도가 높고 생산성이 높은 업무 공간 만들기'를 기업 이념으로 삼아 사무실 내 대부분의 공간에서 자연을 느낄 수 있도록 하고 있다.

이전에 루나 샌드라는 모래를 판매하는 회사의 사장에게 들었는데 구글에는 항균 처리된 모래밭까지 사무실에 있다고 한다. 이러한 환경에서 일하면 부교감신경이 우위를 점하게 되어 편안해지고 뇌가 활성화되어 창의력도 향상된다. 구글이 선진적인 서비스를 지속적으로 만들 수 있는 데는 이러한 이유도 있을 것이다.

그렇다고 당장 산 속으로 이사를 가거나 사무실을 식물로 가득 채우는 것은 현실적이지 않을 것이다(물론 과감하게 이사하거나 사무실이나 집에 식물을 적극적으로 놓는 방법이 있다).

중요한 것은 불안하다고 방 안에만 있지 말고 적극적으로 자연을 만나는 것이 좋다. 가끔은 스마트폰도 컴퓨터도 없는 대자연 속으로 나가 잠들어 있는 '녹색 갈증'을 채우기 바란다.

자연이 마음을 치유한다!

커피 향을 맡는다

커피로 뇌를 각성시켜 하루를 시작하는 사람이 많을 것이다. 잘 알려져 있듯 커피의 '카페인'은 각성 작용이 있다. 카페인은 뇌에 도달하면 피로 물질인 아데노신adenosine의 기능을 차단하여 뇌에 활력을 준다.

커피에는 항산화 물질이 다양하게 함유되어 있다. 그 때문에 심신의 건강에 좋다는 다양한 연구가 있다. 뇌와 관련된 효과는 다음과 같다.

- 우울증 위험이 20% 감소
- 알츠하이머성 치매의 위험이 65% 감소
- 신경전달물질인 도파민 증가
- 집중력, 주의력, 단기 기억력 향상

신체적으로도 암이나 심장질환, 당뇨병, 백내장의 위험을 낮추고, 하루 3~4잔 섭취로 사망률은 24% 저하된다는 연구도 있다.

커피를 마시면 기분이 좋아지는 사람은 지금처럼 계속 마셔도 문제없다.

다만, 매일 다량의 커피를 마시면 내성이 생겨 피로물질을 차단하는 기능이 나빠진다.

최근 커피를 마셔도 힘이 나지 않는 사람은 일주일 정도 카페인 없이 생활해 보자. 그러면 카페인의 각성 작용이 다시 돌아올 것이다.

1일 섭취 기준량은 3~4잔까지가 좋다.

단, 유전적으로 카페인 대사가 나쁜 사람도 있을 수 있다. 카페인에 약한 사람은 무리해서 커피를 마시지 말자.

카페인 대사가 나쁜 사람이 커피를 마시면 반대로 피로가 쌓이고 불안해지니 주의하자.

"커피는 몸에 좋다는데 못 마셔서 아쉽다."

이런 사람에게도 희소식이 있다.

실은 최근에 원두 향기에는 '파괴된 뇌세포를 복구하는 효과가 있다'는 것이 밝혀졌다.

서울대학교 연구팀은 정상적인 쥐와 수면 부족 상태인 쥐에게 원두 향기를 맡게 하는 실험을 진행했다.

그러자 수면 부족 상태인 쥐에서 감소되어 있던 '스트레스로부터 뇌를 보호하는 분자'가 일부 회복되는 결과를 얻었다.

따라서 카페인뿐만 아니라 원두의 향으로도 스트레스 해소 효과가 있다.

커피를 마시지 못하는 사람도 카페에 가서 커피향을 즐기거나 원두만 사놓고 향기만 맡으면 커피의 스트레스 해소 효과를 누릴 수 있다.

느긋하게 커피 즐기기

커피를 만드는 게 좋아!
분주한 일상 속에서 유일하게 안정되는 시간…
향기만으로도 마음이 치유된다.
여기
못 마셔서 아쉬울 땐 디카페인을 마신다.

31

등을 쭉 편다

1963년에 발표한 사카모토 큐坂本九의 명곡 '위를 보고 걷자上を向いて歩こう'는 미국과 유럽 각국에서 대히트를 기록했다. 아직도 미국이나 유럽에서는 일본인을 흉내 낼 때 '위를 보고 걷자'를 주제로 하는 사람이 많다고 한다.

일본인의 이미지는 '위를 보고 걷는 것'이지만 실은 정반대다. 일본인은 '아래(땅)를 보고 걸어' 뒤에서 봐도 금방 알 수 있다고 한다. 아래를 보고 걷는 것은 아시아인 중에서도 일본인이 압도적으로 많다.

그 진위는 확실하지 않지만 확실히 거리의 사람들을 보면 많은 이가 고개를 숙이고 걷는다. 어쩌면 일본인 중에 자존감이 낮거나 불안해지기 쉬운 사람이 많은 것은 자세가 나쁜 것과 관련이 있는지 모른다.

자세와 정신 건강의 관계를 조사한 연구들가 있다.

하버드 대학교의 사회심리학자 에이미 커디의 연구팀은 등을 편 자세의 그룹과 움츠린 자세의 그룹의 타액 성분을 조사했다.

그러자 등을 편 자세의 그룹은 스트레스 호르몬인 '코르티솔'의 분비가 저하되어 결단력이나 의욕이 높아지는 '테스토스테론'의 분비가 증가하는 것을 알 수 있었다.

즉, 등을 쭉 펴는 것만으로도 뇌의 스트레스를 줄일 수 있다.

턱을 당기고 단전에 힘을 준 후 엉덩이를 꽉 조이면 자세가 좋아진다.

자세를 바로잡는 것은 힘든 일이다. 불안이나 초조함에 사로잡혔을 때는 의식적으로 등을 펴도록 하자.

위를 보고 걷지 않아도 똑바로 앞을 보고 걸으면 기분이 긍정적으로 바뀐다.

앞을 보고 걷자!

32

손가락 한 개를 바라보며 뇌를 회복시킨다

불안을 느끼면 회사일이나 집안일에 진척이 없다. 이는 뇌의 혈액 순환과 크게 관련이 있다. 뭔가를 하고 있을 때나 생각하고 있을 때, 말이나 행동 또는 생각을 하기 위한 뇌 부위에 혈액이 많이 흐른다. 그 대신 사용하지 않는 뇌 부위의 혈액 순환은 상대적으로 적어진다.

즉, 불안하면 불안을 느끼는 뇌 부위에 에너지가 사용되기 때문에 그 이외의 행동에 사용되는 뇌 기능은 쇠퇴해버린다.

불안을 안고 있으면 일이 잘 되지 않는 것은 이 때문이다.

자신의 본래의 힘을 발휘하려면 어느 특정적인 일(여기서는 불안)로 뇌의 혈액을 낭비하지 않도록 주의해야 한다.

이때 효과적인 것이 '멍때리기'이다.

워싱턴 대학교 의학부의 마커스 라이클Marcus Raichle 교수의 연구팀은 행동하고 있을 때와 멍때리기를 할 때의 뇌의 움직임을 비교했다.

그러자 멍하니 있을 때 가치 판단이나 기억에 관여하는 부위가 더욱 활성화되어 있는 것을 알 수 있었다.

멍때리기로 뇌 기능이 회복되었기 때문이라고 여겨진다.

그러나 불안해지기 쉬운 사람이 '멍때리기를 하는 것'은 의외로 어렵다. 멍하게 있으려 해도 자동으로 불안감이 스며들기 때문이다. 그런 사람들에게 좋은 방법을 하나 추천하자면, 어쩌면 어린 시절에 해본 적 있는 놀이일지도 모른다.

멍때리기 방법

❶ 손가락 하나를 얼굴 앞에 두고 뚫어지게 본다. 초점이 어긋나서 손가락이 두 개가 될 때까지 응시한다.

❷ 조용히 호흡한다(2~3분 지속한다).

이것뿐이다.

마음챙김Mindfulness에 가깝지만 호흡에 신경 쓰거나 무심해지려고 노력할 필요가 없다. 어쨌든 손가락만 바라보면 된다.

보는 것에만 집중하면 그 이외의 뇌 부위는 '멍한 상태'가 된다. 인간은 100% 멍해질(즉 '무'가 될) 수 없다. 반드시 무언가를 느끼게 된다.

그것을 최대한 억제할 수 있기 때문에 '한 점을 응시하는' 행위가 효과적인 것이다.

손가락을 계속 응시하고 있으면 의식 상태가 평소와 달라진다.

심리학에서는 이것을 변성 의식 상태라고 하며 명상하는

것과 같은 편안한 상태를 말한다. 손가락 한 개를 바라보는 것은 가장 쉽게 할 수 있는 명상법이다.

너무 바쁘고 마음이 흐트러지기 쉬운 경우에는 손가락 한 개를 바라보며 뇌를 쉬게 하자.

뇌가 회복되면 신선한 마음으로 회사일과 집안일에 임할 수 있다.

멍때리기 기술

머~~~~~~~~~엉
뇌의 에너지를 소비하지 않기 위해
멍때리기를 해보자!
카드 값은 어쩌지?
같이 일하는 사람 정말 싫어.
저녁을 준비해야지.
휴대폰 요금 너무 비싸지 않아?
카드
일
저녁밥
휴대폰
역시 멍때리기에는 이 방법이 최고야!

양초의 불꽃을 바라본다

자기 전 90분은 블루 라이트를 보지 않는 것이 수면의 질이 높아진다고 했다. 그 시간에 꼭 했으면 하는 것이 '캔들 테라피'다.

캔들 테라피는 양초에 불을 밝히고 바라보면 된다.

촛불의 불꽃은 '1/f흔들림'으로 개울물 소리, 반딧불 빛, 나뭇잎 사이로 새는 햇빛과 마찬가지로 사람의 심장 박동 간격과

어우러져 편안함을 준다.

니가타의 병원에서 일하던 시절 농원에서 자주 모닥불을 피우며 불꽃의 흔들림을 바라보곤 했다. 또한 해안에서 드론을 날리면서 파도 소리를 듣는 것도 좋아했다.

'1/f변동리듬' 때문일까, 굉장히 평온한 마음으로 지낼 수 있었던 기억이 난다.

'1/f변동리듬'의 효과는 전 세계적으로 연구가 거듭되고 있어 이것이 왜 편안함을 주는지에 대한 새로운 사실이 밝혀졌다.

인간은 뉴런에서 뉴런으로 신경전달물질을 보내 정보를 주고받는데 사실 신경전달물질의 발사 간격이 '1/f 변동리듬'이라는 사실을 발견했다. 따라서 생체리듬은 기본적으로 '1/f 변동리듬'인 것이다.

그 때문에 외부에서 오감으로 '1/f 변동리듬'을 감지하면 생체 리듬에 공명해 자율신경이 정돈되어 편안해지는 효과를 얻을 수 있다.

불꽃이 흔들리는 것을 보거나 시냇물 소리를 들으며 휴식을 취할 수 있는 것은 자연계의 '1/f 변동리듬'과 신체의 '1/f 변동리듬'이 동조하기 때문이다.

또한 향초를 선택하면 후각으로도 편안함을 얻을 수 있다. 라벤더lavender, 베르가모트bergamot, 오렌지 스위트citrus sinensis 등은 편안함을 주는 향으로 유명하다.

목욕 후 방을 어둡게 하고 촛불을 바라보며 편히 쉬는 건 어떨까?

인간은 '1/f 변동리듬'

내 안의 '1/f'가
공명한다.
파도와 나의 파장이
동조해간다.
쏴아~
쏴아~
오늘의 긍정적인 상상은
좋아하는 자기와의
남국 바캉스~

파란 하늘을 올려다본다

등을 쭉 펴고 앞을 향해 걷는 것이 정신 상태 개선에 도움이 된다고 앞서 말했다.

하지만 가끔은 빠르게 앞으로 나가지 말고 멈춰 서서 하늘을 올려다보자.

최근에 멈춰 서서 천천히 파란 하늘을 올려다본 적이 있는가? 나 자신도 하늘을 올려다본 것이 언제였는지 기억도 못할 정도로 바쁜 나날을 보내고 있었다. 그래서 얼마 전에 날씨가 맑았던 날 길을 가다 멈춰 서서 1분 정도 하늘을 올려다보았다.

그것은 매우 신기한 경험이었다. 나나 나를 앞질러 가는 사람들과는 무관하게 파란 하늘을 천천히 가로질러 가는 구름은 엄청나게 여유롭고 부드러워 보였다.

이 하늘은 내가 지상에서 발을 동동 구르며 사소한 일에 불안해하거나 초조해하고 있을 때도 똑같이 거기에 있다는 생각이 들자 말할 수 없이 안심이 되었다.

그리고 내가 아이였을 때는 이런 식으로 자주 멈춰 서서 질리지도 않고 하늘을 바라봤던 것을 떠올렸다.

색채심리학에 따르면 파란색은 '신경을 진정시키는 색'이라고 알려져 있다. 파란 하늘이나 파란 바다를 보고 있으면 안정을 느끼는 것은 그 때문이다.

또한 오사카 시립대학교 건강 과학 이노베이션 센터의 실험에 의하면 아름다운 풍경의 '치유 화면'을 바라보면 피로가 완화되어 집중력이나 능률의 저하를 억제할 수 있다고 한다.

즉, 업무를 보거나 집안일을 하는 사이에 아름다운 하늘이나 바다의 이미지를 바라보는 것만으로도 신경이 격앙되는 것을 진정시켜 뇌를 편안하게 만들 수 있다.

하지만 사진이 아니고 진짜 파란 하늘을 올려다보도록 하자. 나 자신은 '하늘'이니까 불안하지 않다.

아무리 싫은 일이나 힘든 일이 있어도 괜찮다. 그렇게 생각하고 다음 걸음을 내디딜 수 있다.

파란 하늘을 보면 좋다!

35

SNS를 끊는다

트위터, 인스타그램, 페이스북, 라인… 여러분은 어떤 SNS를 사용하고 있는가?

나는 연락 수단으로 라인을 사용하는 것 외에는 모두 그만두었다. 이유는 단순한다. SNS는 피곤하기 때문이다. 그만둬도 전혀 불편하지 않다.

만약 나처럼 SNS에 지쳐버렸다면 과감히 '끊을 것'을 추천

한다.

'그러면 최신 정보를 알 수 없잖아?'라고 생각할 수도 있다. 하지만 생각해 보자. 최신 정보가 여러분을 행복하게 만들어주는가? 쉴 새 없이 밀려드는 최신 정보에 마음이 흔들리고 휘둘려 지치거나 불안해지는 경우가 더 많은 것은 아닐까?

그리고 그 정보들의 대부분은 지금은 기억나지 않는 '쓰레기와 같은 정보'가 아니었을까?

혹은 'SNS를 그만두면 친구와의 연결 고리가 사라진다'고 불안해할 수도 있다. 세대 차이가 있을지 모르지만 SNS를 그만두어 끊기는 관계라면 원래 그 사람은 소중한 사람이 아니었던 것이다.

SNS는 어디까지나 도구다. 사진이나 동영상, 글을 모두가 읽었으면 좋겠다, 비즈니스에서 고객 유치나 마케팅에 활용하고 싶다, 일기로 쓰고 싶다 등 목적이 정해져 있다면 SNS를 이용할 가치가 있다.

하지만 '나도 모르게 보고 있다' '시대에 뒤처지고 싶지 않아서 등록했다'는 사람은 SNS를 보면 볼수록 진짜의 시간이 사라지고 타인에게 휘둘려 성장의 기회를 잃게 되며 극단적으로 말하면 '불행'해진다.

실제로 미시간 대학교의 연구에서는 페이스북을 사용하면 할수록 더 침체되고 생활의 만족도가 떨어지고 행복감도 떨어지는 것으로 나타났다.

물론 당장 모든 SNS를 그만두라고는 하지 않겠지만, 만약 여러 SNS를 목적 없이 이용하고 있다면 가장 이용 가치가 높은 것만 남기고 다른 것은 삭제하자.

방 정리 등과 마찬가지로 SNS를 끊으면 마음이 후련해진다.

세상에 휘둘리지 말자

36

소중한 인간관계만 남긴다

불안의 원인은 대부분 인간관계에 있다. 생활하다 보면 자신에게 악의를 품거나 싫은 소리를 하는 사람이 반드시 있다.

그런 사람을 만났을 때는 '나이스하게 무시'하자.

남에게 악의를 품는 사람은 사실 열등감이 강한 사람이다.

열등감이 강하기 때문에 이를 해소하기 위해 쓰러트릴 수 있는 사냥감을 찾아내 노골적인 악의를 뿜어낸다.

예민한 사람일수록 그런 악의에 제대로 대응하려 한다. 상대는 열등감 때문에 쓰러트리려고 하고 있는데 예민한 사람은 자신이 무엇을 잘못했을까 하고 진지하게 고민한다.

여러분에게 악의를 뿜어내는 사람의 말은 '모두 잘못된 말'이다.

왜냐하면 그 사람은 단지 자신이 우월하다는 것을 보여주고 싶을 뿐이기 때문이다. 이를 심리학의 세계에서는 우월 콤플렉스라고 부른다.

그러한 '애잔한 사람'은 다음과 같이 나이스하게 무시하자.

악의를 무시하는 말

상대방:

"신입사원도 아닌데, 나 같았으면 1시간이면 끝났을 텐데…"

여러분:

"그래서?"

"알겠습니다. 그래서요?"

"그렇군요. 저도 그렇게 생각합니다."

"대단하시네요!"

"역시 대단합니다. 감사합니다."

이런 식으로 말이다.

물론 상사 등 자신보다 높은 지위의 사람에게는 조심해서 사용할 필요가 있다. 그러나 그 경우에도 적당히 칭찬하면 된다.

악의를 드러내는 인간은 열등감을 해소하고 싶을 뿐이기 때문에 "역시 대단합니다"와 같은 말을 들으면 일단 만족한다.

그 정도로 '불쌍한 사람'이라고 인식하자.

'인간관계를 중시하자'는 말을 많이 한다. 하지만 '어디서나 좋은 얼굴을 하는 사람일수록 불안해지기 쉽다'고 생각한다.

따라서 불안해지기 쉬운 사람은 이제 과감히 '정말로 소중한 인간관계만 신경 쓰도록' 하자. 그러면 굉장히 살기 편해질 것이다.

메일이 와도 바로 답장을 하지 않아도 된다.

누가 화를 내든 나와는 상관없다고 생각한다.

느닷없이 잔업을 부탁해도 거절한다.

아이 친구 엄마들과의 단톡방에서 미련없이 나온다.

……

어디서나 좋은 얼굴을 하는 일을 그만두면 점점 마음의 짐이 사라질 것이다.

예민한 사람은 지금까지 좋은 인간관계를 너무 소중히 한 나머지 기분 나쁜 일을 많이 겪었다.

많은 불안감을 안고 살아왔다.

하지만 이제 괜찮다.

정말로 필요한 '인간관계'는 자신을 소중히 생각해주는 사람과의 인연이다.

그것을 깨달으면 불안하지 않은 평온한 나날을 보낼 수 있다.

악의는 나이스하게 무시하자

마치며

이 책에서는 의학이나 뇌과학, 심리학 등 동서고금의 연구를 바탕으로 36가지의 불안을 잠재우는 방법을 소개했다.

이거라면 효과가 있겠다 생각되는 것부터 꼭 실천하자. 불안을 해소하는 데 진심으로 도움이 되길 바란다.

마지막으로 불안해지기 쉬운 여러분에게 한 가지 더 조언을 하고 싶다.

"내 삶을 살자. 지금을 살자."

자신의 인생을 살면 불안이 사라진다. '지금'에 초점을 맞추면 불안이 사라진다. 과학적으로 증명할 수 있는 것은 아니지만 이렇게 생각한다.

여러분은 지금까지 자신의 본심을 죽이고 쭉 남의 인생을 살아오지 않았는가? 부모님이나 선생님의 말을 듣고 상사의 눈치를 보고 친구와 나를 비교하는 등 남의 삶을 살다 보니 마음이 비명을 지르고 말았던 것이다.

'불안'은 마음이 여러분에게 보내는 메시지다. 마음은 여러분에게 '자신의 삶을 살라'고 외치고 있다.

자기 삶을 살자. 그리고 과거도 미래도 아닌 '지금'을 살자.

과거의 일이나 미래의 일을 생각하면 마음은 '불안'에 지배된다. 그것은 당연하다. 이미 일어난 일은 바꿀 수 없고 미래에 대해서는 아무도 모르기 때문이다.

5초 후에 일어날 일을 아는 사람은 아무도 없다. 그렇기 때문에 '지금'에 집중하고 살다 보면 불안에 떨 때가 반드시 줄어든다.

지금을 산다는 것은 '지금 해야 할 일을 한다'는 것이다. 이 책에서 소개한 방법을 지금부터 실천한다면 미래의 여러분은 분명히 변해 있을 것이다.

하지만 마음이 불안하고 고통스러워 어쩔 수 없을 때는 제발 무리하지 말자.

그럴 때는 푹 쉬자.

산책을 하고 파란 하늘을 올려다보면 마음이 편해질 것이다.

맛있는 뼈 국물이라도 만들어서 장을 편하게 만들자.

자신도 모르게 웃는 얼굴이 되는 것을 상상하여 뇌를 즐겁게 만들자.

여러분의 불안이 이 책을 통해 조금이라도 잠재워진다면 저자로서, 의사로서 더할 나위 없이 기쁠 것이다.

이 책을 통해 여러분과 만나게 된 것을 인연이라고 생각한다. 여러분의 불안이 해소되기를 진심으로 바란다. 그리고 행복하기를 바란다.

"메멘토 모리! 어떻게든 되겠지!"